衝突對話，你準備好了嗎？

壓力其實是上天給的禮物，穿越內心小劇場，讓彼此更靠近

裘凱宇×楊嘉玲——著

〈前言〉

原來我眞正需要的是高難度對話

之所以會撰寫這本書，來自於我們所接觸學生的眞實處境。早先，我們曾開設一門課程，課程名稱爲「談判桌上的望聞問切」。顧名思義，這門課是針對談判情境，特別是當事者在上桌後，所需要具備的觀察和反應能力。

但有趣的是，我們原本設定會來報名的學員，應該大部分是採購部門的主管、承辦人員、業務人員、法務或客服人員。總之，就是我們想像中經常要和人議價、協商，或處理爭議問題的角色，會對這套課程有高度的興趣。畢竟，他們代表公司出外洽談，其談判的結果可能攸關大筆金額或公司的品牌形象。

可是，出乎意料的是，除了預期中的工作族群，還有更多學員並不是典型需要上談判桌的人。他們的職業很常見，一如親朋好友中，總有幾個工程師、行政主管、專案經理、特助、行政後勤、行銷企畫、廣告商、命理師、設計師，甚或是大學教授。這樣的組合打破了我們原本的設定，也讓我好奇是什麼讓他們覺得自己需要學會「談判」？

而我得到這些答案：

「我有幾個部屬很難溝通，每次交代任務時，意見特別多，如果我能抓準他們的罩門，就能讓他們乖乖聽話。」

「有些客戶很愛嫌東嫌西，要折扣就算了，設計出來的作品一堆意見，怎麼解釋都聽不懂。想說也許是我的談判技巧不夠，才會讓對方予取予求。」

「部門會議時，每當老闆準備執行新計畫時，會希望大家自行認領工作，這時候出不出聲都不對。太快，別人覺得是拍馬屁；太慢，可能又被老闆誤會對工作不上心。每次開會都像在打心理戰。」

「每次我請同仁配合在期限內把資料整理好，方便我後續作業，他們不但不準時交，還會一直質疑這個規定合不合理。」

「爲了客戶，我們會多規畫一些活動，爭取曝光率。但客戶覺得這些都是理所當然。如果我們自己吸收費用，會壓縮原本的利潤，但如果不做，效果不如預期，客戶下次也不會再找我們。」

「面對一些考績很差的員工，我想讓他們明白自己不適任，可是又不會對公司（或身爲主管的我）心生怨念，然後順利離職。」

這些狀況確實不是一般溝通、輕鬆講一講就可以解決的，**需要運用比較多的技巧、考量不同的層面，才能求得一個圓滿**。因此，當他們在一般的溝通書籍或課程中，遍尋不到解答時，很容易想透過「談判」來解決眼前的難題。

但仔細分析這些情況，若眞要定義爲談判，似乎沒那麼嚴重，雙方的立場並不全然是對立的，絕大多數都是要繼續互動，沒辦法有個定案，從此你走你的陽關道，我過我的獨木橋。或者你不配合我，我就換一個人合作。因此，談判中有許多招式是不能使用的，必須留個情面，日後好相見。

此外，一旦我們用「談判」來形容眼前的處境，很容易落入「你輸我贏」，零和遊戲的陷阱中。非得要爭個是非對錯、孰優孰劣不可。但很多情況，立場之所以有落差，不一定是誰的論點才是對的，而是看事情的角度不同、切入點不同，想法自然有歧異。

也就是說，**我們怎麼為自己的問題命名，就決定了我們處理它的態度**。當你覺得這是一場「談判」，很容易想透過「**談話**」來「**判定**」是誰的責任、對錯、好壞、高下。可是，人際問題大多數都是模糊、相對的，很難有個標準的劃分。

這些學員們的反應，不禁讓我思考有沒有一個更好的說法，可以介於「談判」和「溝通」之間，更精準的傳遞出當事人的處境，既不會淡化問題的重要性，同時也不會對結論抱持太大的壓力，能夠更全觀地的看待所有訊息，進而規畫出因應的策略。

於是，有了這本書《衝突對話，你準備好了嗎？》的誕生。**衝突對話，其實是高難度對話的「結果」，而高難度對話則是衝突的「前身」**。**因為沒有說好，轉瞬間就變成爭執，或因為太害怕衝突，愈逃避反而更加速關係的惡化**。這本書可以幫助人們在面對一些不好談、很難開口的事情時，先準備好裝備，知道自己可能會遭遇哪些反應後，再勇敢面對。不需要像過去一樣，碰到難解的人際問題，總覺得自己是赤裸上戰場。

準備好了嗎？打開你的感官，我們將協助你聰明地接受撞擊，不再遍體鱗傷。

※本書中所舉例子，皆已化名處理，並修改部分個人資料，以保護當事人。

目次

Part 2 處理高難度對話——望、聞、問、切

Part 1

認識高難度對話

Chapter 1

衝突對話，你準備好了嗎？

生活中，有很多話題不好談，卻又必須有人先把鍋蓋掀開，否則任由壓力蔓延，事情只會愈來愈難處理。究竟，哪一類型的談話可以稱爲「高難度對話」？

很簡單，就是那些你覺得有點難以啓齒、不太好意思開口，但又事關你權益（或形象）的事情。可能的情況有：

你若是公司負責人，怎麼向股東解釋投資失利；
你若是部門主管，怎麼向上司承認業績衰退；
你若是基層員工，怎麼爭取個人福利或晉升；
你若是爲人父母，怎麼要求孩子遠離損友；
你若是爲人伴侶，怎麼開口討論財務分配；
你若是爲人手足，怎麼安排年老父母照護；
你若是爲人媳婦，怎麼和公婆討論孩子教養；
你若是爲人朋友，怎麼拒絕再借錢給對方開店創業；
你若有親密關係，怎麼探問情人詭異的行蹤或來電？

此刻，跳進你腦中，任何一件很想處理，卻又不知該怎麼開口的事，都算是壓力情境。

你很清楚，這些問題如果不好好面對，很可能會繼續惡化。但你也很怕處理不當傷害了原本的關係。於是，你在開口前，小心翼翼地盤算著，揣想著對方可能的反應，但又不確定對方會出現什麼樣的情緒？你能不能招架？**這種左右為難的心情，代表你即將進入一場「高難度對話」（Hard Conversation），你得動用比較多的身心資源，才能平安落地。**

有衝突的是立場，而不是人

而這些對話之所以難，大多數是因為立場不同，而不是人有問題。舉例，你有一個容貌、身材姣好的十七歲女兒，她接受班上同學的邀請，準備參加週末的跨年晚會，她希望能爭取一夜外宿。身爲父母的立場，當然是希望女兒安全、避免出入危險場所，所以你不允許她在外過夜；可是身爲女兒的立場，希望能夠融入社交圈，得到同儕的認同，團體行動是一種證明自己合群的表現，她哀求你答應。

你在乎的是「安全」，她想把握的是「友誼」。

你們各自站在不同的立場，希望對方能了解自己的處境，可是偏偏你和她的需求都強烈到難以鬆動。你無法拿安全當賭注，她不願意失去朋友的信任。眼看這件事情又沒有其他替代方法（外宿 vs. 回家），你只好搬出父母的權威，逼迫她就範。

你可能會說出這類話：「『我』是爲妳好，妳還小不懂得保護自己，『我』不能答應妳和同學出去，如果出事了，誰要負責？『我是妳爸媽』，『我』有權說了算。」

這時，女兒聽到的不是你的立場，而是「你」反對「她」交朋友。於是，她也開始把砲火對向「你」，覺得是你「這個人」故意讓她不快樂，你才是讓整件事情無解的兇手。

於是，接下來的戲碼，我們可能都很熟悉。女兒開始抱怨爸媽忙於工作，不關心她，受到指責的爸媽不甘示弱的反抗，細數女兒從小到大的紕漏。漸漸地，雙方對戰的焦點都轉向在「人」身上。然後，事情就被擱在一旁。

這樣的劇情，並不是特例。一般人在沒有經過特殊訓練，很難把「人」與「立場」分開。我們通常會直接把立場、觀點、屬性、看法、意見……等同於「這個人」。偏偏人會有情緒和自尊的問題，稍不注意，就有可能打翻一整桶汽油，一句話沒說好，就成了火柴棒，點燃一片火海。

衝突就是這麼發生的。

學會處理高難度對話＝學會面對衝突

也就是說，**高難度對話是衝突的前身**。

如果處理好，就可以避免一場激烈的衝突，降低傷害的程度。但如果不了解高難度對話，不曉得哪些地雷要繞過，只憑著平常的說話習慣來面對，很容易引爆衝突。

畢竟那些讓你有壓力的對話，通常也是衝突的根源點，意味著你對某人或某事有不同的想法。你很清楚你們之間存在落差，你無法忽略不去看見這件事；可是你又清楚如果真要攤開來談，勢必會有一些磨擦、衝撞。討論的過程彼此的情緒都會是緊張的，戰火一觸即發。

沒人敢保證，談了，事情一定會變得比較好。你得有心理準備打開鍋蓋後，一湧而上的蒸氣，可能會讓人受傷。

當然，你也可以選擇不處理，任由時間逐漸逝去。很多時候，當我們面對棘手的情境時，家人朋友會勸我們「以和爲貴」、「和氣生財」，盡可能不要發生衝突。可是**一昧地忍耐、逃避、忽視，並無法真正解決問題。更可怕的是，這樣的態度還會啃食我們的自信，甚或存在價值。**

不談，繼續否認問題，委屈、壓抑，終有一天，不快樂的情緒累積到一定的程度還是會爆炸，甚至殃及無辜。

你就像蒙著眼走在懸崖邊的人，若要離開這個處境，你知道必須有所行動。但麻煩的是，你不知道哪一邊是陸地、哪一邊是深谷？談與不談，都很爲難！

進入壓力情境前，先裝備好自己

如果把高難度對話比喻成一場攻堅，我們都希望能夠在傷亡最少的情況下，讓衝突順利化解。但即使我們都心存善念，不願意傷害任何人，你也不能預設雙方過招時，都不會有意外發生。你必須爲最壞的情況做打算。所以，霹靂小組在進入案發現場前，一定會把安全裝備穿戴完整，你沒看過哪個天兵，傻傻地沒穿防彈衣就衝進封鎖線（有的話，現在應該也不存在了）。

也就是說，你若知道如何進行高難度對話的技巧，你就不需要在「談與不談」中爲難。既不需要欺騙自己問題不存在，同時，也不會讓自己在毫無保護的情況下，進入壓力狀況。

藉由對衝突正確的概念與因應方法，你能夠幫自己準備好防彈背心，掌握完整的情資，並透過心戰喊話，鼓勵對方與你配合，達成和解，避免可能的危機。否則，在不了解高難度對話的情況下，你會感覺自己像個光著胸膛，只帶把刀就上戰場的士兵，除了蠻幹，絲毫沒有自禦能力，很容易在情急之下，說了不該說的話，成爲眾矢之的。

你看見的是衝突可怕的外表，還是珍貴的核心？

爲什麼學會處理高難度對話這麼重要？相信你一定有過那樣的經驗，一段感情或一份工作，一開始總是滿懷欣喜，希望可以長久經營下去。可是沒多久，過了蜜月期，爭執愈來愈多，起初只是一些雞毛蒜皮的小事，像是東西沒有收好、行程沒有喬好……慢慢地，演變成對彼此行事風格的質疑、價值觀的不認同。

每一次衝突都讓你懷疑該不該繼續維持這段關係？你試著表達自己的想法，不斷地重申自己的相信，希望對方能懂得你的苦心，可是對方似乎無動於衷，依舊堅持走自己的路。到後來，你心灰意冷，不再奢望情況會改善。也許，等到合適的時機，你就遞出辭呈或提出分手，期望下一個機會更好。

然後，同樣的劇情再輪迴一遍。

你開始對人失去信心，對生命失去盼望。於是你把錯怪罪在爭執上，覺得都是因爲衝突才會讓所有的美好消失。接著，你學會了冷漠、不反應，只要不吵，就不會說出傷人的話。麻煩的是，這麼做並沒有讓情況更好，只會加速關係的疏離與惡化。你不了解對方，同樣的，對方也覺得你很陌生，關係一樣無法維持。

繞了一圈，你實在不懂「衝突」究竟有什麼意義？但至少你明白，若眞想要把關係經營好，你必須學會這一課。

我很喜歡舉迪士尼的動畫電影〈美女與野獸〉，來譬喻一般人對衝突的偏見。我們在不認識衝突之前，很容易被衝突看似醜陋的形象嚇到，覺得最好不要接近，保持距離以策安全。然而，就像電影中的美女，當她不得不近距離接觸野獸後，她才慢慢發現原來野獸之所以會變成今天的樣子，是因爲先前的一些過錯才讓他被詛咒，但只要有人能不在乎表面的障礙，眞心待他，那麼魔咒就會被解開，於是故事就有一個圓滿的結局。

衝突也是一樣，或許是因爲過往的經驗，讓人們面對衝突時，馬上聯想到的都是咆哮、指責、批評。但你若願意先把這些刻板印象放在一旁，好好理解衝突，展現誠意，你會發現**衝突並不危險，穿越表象的害怕，反而能夠獲得更大的祝福**。

在這邊，我想分享兩個故事，讓你更了解，好好處理「衝突」，是一份多麼珍貴的禮物。

案例一 別怕打壞感情，讓關係更親密

明哲和筱瑩是多年的戀人，從大學時代開始就是形影不離的班對，出了社會後，也在同一個領域奮鬥，是彼此最好的打氣夥伴。明哲的工作態度很受到公司主管賞識，公司想要派他到海外負責子公司的成立。他覺得這對自己的生涯規畫會是一個重要的轉折，他有機會證明自己的管理能力。

可是，他不知道怎麼和筱瑩說明，爲了工作，他們已經一再延宕婚期。先前筱瑩也暗示他，再不做懷孕的準備，自己很可能會變成高齡產婦。明哲很怕筱瑩希望他留下來，拒絕這次的外派；但如果不告訴筱瑩，直接答應公司，筱瑩也可能因爲覺得自

己不被尊重，一氣之下乾脆分手。兩種結果都是明哲不樂見的，他非常的苦惱，急於向外求助。

聽完明哲的處境，我先讓他了解，他即將要面對的是一場「高難度對話」，他的訊息必須透過適當的鋪排，才能在不引起筱瑩抗拒的情況下，兩人好好討論未來該怎麼往下走；以及過程中，筱瑩可能有哪些情緒，他得好好的承接，不要企圖跳過情緒，想要得到答案。

這場衝突對這對戀人來說，非常重要，如果過得去，他們的關係更經得起考驗。放下自己的害怕，明哲勇敢地面對衝突，並運用這本書後半段的技巧以及適當的問句，了解筱瑩內心的想法。

原來，筱瑩是很支持他接受挑戰的，但相隔兩地，筱瑩也怕感情生變。更重要的是，面對明哲的眞誠，筱瑩終於向明哲坦白，這些年工作下來，她發現自己其實並不喜歡商業環境，可是看到明哲工作這麼開心，也常常諮詢她的意見，以至於她不敢說出自己眞正的感受。她一直想要停下腳步，再去進修，學習不同的事物，她希望有一天能夠站在講台上，和人們分享她的知識。

聽完筱瑩的想法，明哲鬆了一口氣，握著筱瑩的手說：「那我們就一起出國，我去賺錢，妳去上課，我們都能夠做自己想做的事。這不是太棒了嗎?!」後來，他們就趕在出國前把婚事完成。有了一次好好解決衝突的經驗，兩人的感情也因此更加緊密，願意和對方分享自己的想法，不再用自己的以爲來揣測對方的立場。

回憶起這段經驗，明哲語重心長的說：「還好，我自己有意識到衝突的重要性，願意好好學習怎麼處理高難度對話。否則，用我以前的說話習慣，很可能傳遞錯誤的訊息，讓筱瑩以爲我只在乎自己的前途，不掛念多年的情分。一段本來能夠成就幸福的感情，就只能變成兩個人一生的遺憾。」

很多人把衝突當成是洪水猛獸，其實衝突是老天爺希望人們彼此更靠近的禮物。因爲衝突，很多議題會被搬到檯面上討論，你和對方都有機會好好表達自己的想法，知道彼此的立場。同時，**當你們有一起穿越情緒風暴的經驗，你們會更珍惜這段關係，知道對方不會因為一點小事，就離你而去，你們的感情才是真正經得起考驗。**

案例二 適時地提出質疑，才有好結局

看完了私領域的故事，接著來談談公領域的狀況。以往，在工作中與人發生衝突、不和、跟我們所期待的不一樣時，我們通常會稱對方是「小人」或「壞人」，但眞的是這樣嗎？有沒有可能對方爲了怕我們擔心，而沒有主動說明一些情況，造成誤解。假使沒有及時處理，很有可能事情不但沒有完成，還把本來不錯的關係都弄僵了。以下是一個很經典的案例：

擔任企業顧問的濬宇，成立了一間個人工作室，靠著口碑，業績蒸蒸日上。不過，隨著客戶人數愈來愈多，濬宇決定擴大營運規模，第一步就是建置網站。因爲，過去常有客戶抱怨，在網路上找不到相關服務的說明和工作室簡介。濬宇了解有好的網站，可以幫助他更快贏得客戶的信任。

濬宇馬上想到大學室友，資工系的應元，話不多，個性溫和。濬宇想把這個專案交給他，希望藉由和熟人合作，減少溝通不良的機率。抱著這樣的信心，濬宇很快聯

繫上應元，溝通了自己的需求，簽下合約。接著，雙方針對網頁設計，來來回回進行修正和確認。應元答應濬宇，三個月後，網站就可以上線。

兩個月過後，該進入網站程式開發階段了，濬宇滿心期待撥了電話給應元：

「嘿，應元，上次你說網頁排版設計確定後，程式開發的速度就快了。現在進度如何？一樣下個月就能上線嗎？」

「因爲我們針對網頁版型，還有功能做了一些修改，所以時程會往後延。」

「往後延？延多久啊？」一直以爲專案進行順利的濬宇，聽到網站要延後上線，滿頭霧水。

「嗯，大概還需要兩個月吧！我盡量跟工程師溝通。」

電話那頭，應元聽起來依然溫和、客氣，但對於這樣的答案，濬宇很不滿意。他一直說服自己，應元是這麼熟的朋友，應該不會唬弄自己?!也不斷地斟酌，該不該約時間和應元碰個面，詳細了解究竟哪裡出了問題？爲何網站工程突然大延宕？可是又擔心問太多，會讓應元覺得不被信任。

濬宇的心情是很多人的寫照。在這個例子中，對話之所以困難，是因爲我們知道對方是「好人」，不至於存心欺騙，就像應元是熟識的朋友，個性又好，很怕把鍋蓋掀開，會傷了感情。

其實，和所謂的「好人」、「熟人」，若遇到衝突時，更應該及早進行高難度對話，才不會傷害長遠的關係，因爲結果往往是不能改變的，當事情已成定局，雙方只能摸著鼻子認了。

我們幫助濬宇了解，有衝突的是立場，而不是人，**勇於面對衝突，才是建立緊密合作關係的關鍵**。有了這層心理準備，濬宇和應元約了時間，先表達自己受到的衝擊，並用不帶預設的問句，深入理解應元負責這項工程的狀態。

「應元，我知道架設網站，工時不可能拿捏得很精準，delay是難免的。不過，這次你說會delay兩個月，超出我的預期，也可能會影響我後續工作進度的排程。所以我想知道，這兩個月是怎麼估算出來的？」

透過一個好的開場，先卸下應元的防衛，再運用問句引導，反覆確認彼此的狀態。濬宇後來才知道，原來應元家中突然有人生病需要照顧，最近他得分心照顧家裡，疏於和工程師確認進度。

好險，濬宇並沒有用一般人習慣的指責模式表達自己的失望：「我就是相信你，才把網站交給你啊，你這樣隨便給我delay，我後續的工作怎麼辦?!」然後，已經焦頭爛額的應元，會覺得：「我這麼忙，還很努力幫你提高網站安全性，你眞的很難伺候。」一個不當的表達，關係就破裂了。

相反地，濬宇應用本書後半段的技巧，溫和堅定地表達自己的立場與需求。「我知道照顧家人很辛苦，也會占用你不少時間。不過，我這邊也有很多計畫會跟新網站上線有關，我得掌握進度才能規畫下一步。現在我們可以怎麼做，讓工程的進度更明確？」

濬宇沒有逃避問題，適時地提出質疑，並利用高難度對話技巧，和大學好友應元做充分的溝通。後來，他很開心和我分享：「眞的沒那麼可怕，原來好好溝通，效果比預料的更好。現在應元每星期都會主動報告網站進度，一有狀況隨時讓我知道，這種感覺好安心喔！」

在衝突中，有兩件事情最難修補，一是時間，二是關係。兩者都是金錢換不回來的，而且我們知道結局通常是很難改變的，唯一的預防方式就是在事情還沒成定局之前，及早修正航道，不要等到落地時，發現這個目的地根本不是當初設定的那一個，才大嘆回頭太難。

但爲何面對衝突有這麼多好處，大多數的人還是很難平心靜氣的處理呢？在下一章，我們會有更完整的說明。

Chapter 2

面對衝突爲什麼這麼難？高難度對話的常見迷思

我們都知道敏感的議題，像是種族、政治、金錢、宗教……等，本身就是易燃物質，搭配特定的條件，就容易引起衝突。在這一章中，我們將會進一步解釋哪些條件和狀況，會讓高難度對話變得更棘手。

一、表達、閒聊、溝通傻傻分不清楚

有一段時間，書籍的排行榜上，某一類型的主題特別受到關注，內容主要是教導人們如何快速和人建立關係、聊天、社交，讓人覺得你是一個善於交際的新朋友。

沒錯，創造良好的第一印象很重要，但聊完天以後呢？一個人可以跟你聊得很愉快，不代表你們可以在一起好好工作、相處，甚或是相愛。一個很會攀談的人，如果把這個能力擴大到所有互動情境，而沒有具備其他更深化議題的作法，很有可能讓人覺得不可靠，或者不想好好面對問題，承擔責任。

而多年的教學與實務經驗，我也發現很多人其實並不知道「表達」、「溝通」和「閒聊」，是三種不一樣的能力，其中訊息交流型態也大相逕庭。

1. 溝通≠表達，別再把我們送做堆了！

特別是「溝通表達」這四個字，常常被放在一起使用，很容易造成一個錯覺——很會表達的人等於會溝通。但「表達」和「溝通」在訊息的理解和傳遞是有差異的。

「表達」，最重要的關鍵在於把自己的想法整理清楚，並找到適當的文字傳遞出去。也就是說，只要你能把自己說清楚，就算是「會表達」。尤其在某些情況下，表達能力好的人特別容易被看見，例如簡報、演講、授課……，比較接近公眾發表的場合。因爲在這類情況中，人們的時間與注意力有限，訊息大多只能被單方面的輸出，很難做到雙向的交流，或有機會慢慢地的澄清、核對。於是，當一個人可以用很精準的話，把自己的意思說清楚時，就很容易得到關注或肯定。

可是「溝通」不一樣，除了把自己的訊息傳達清楚，同時，你也得有能力聽懂別人說出來（以及沒說出來）的意思，通常我們把這個能力稱之爲「傾聽」。也就是說，**要把溝通做好，你得同時具備訊息「傳遞」和「理解」的能力**。

尤其是理解能力，會影響對方和你互動的感受，是朝向正面還是負面？理解能力不足，或根本沒有意願理解對方，都會讓溝通陷入僵局。只要對方不想繼續和你對話，你的表達能力再好，也無法挽救溝通品質，甚至有可能加速關係的惡化，留給對方堅持己見、不知變通的印象。

也就是說，**擁有表達能力只是讓溝通順利的「必要條件」，但有表達能力不等於溝通會好，還需要有傾聽、理解和回應能力，才能構成良好溝通的「充分條件」**。

這也是爲何你身邊一定有許多專業工作者，特別是師字輩的朋友，你覺得他們很會表達，口才（條）很好，可是你不一定喜歡跟他溝通、互動。你有可能找他們解決問題，但不一定會找他們談心。

2. 閒聊≠溝通，你不會想和一個穿著夾腳拖的人去爬山

而「閒聊」和「溝通」也是有差異的。我很喜歡舉「散步」和「登山」爲例，來比喻某些行爲表面上看起來相似，但本質上卻有很大的差異。

不論是散步或登山，粗略來看好像是只要你會走路，都能夠做的活動。你可能一時興起就到住家附近散散步，隨意走走，想走多久就多久，想停止馬上回家也沒關係；裝備上也不用太講究，一雙好走的鞋、一身寬鬆的衣服，就算是拖鞋，只要你覺

得舒服，沒人會覺得不妥。

可是登山不一樣，只要你是認眞要做這件事，你就不可能太隨興地說要爬就爬，哪怕只是住家附近的小山，像是七星山之於台北市、虎頭山之於桃園市、八卦山之於彰化市……，你還是要特別安排一個時間進行這項活動。而且在爬山的過程中，你不能在某一個地方逗留太久，你需要掌握時間，在預計的時間內登頂、下山，否則天一黑，危險性就會提高。也就是說，你不能想來就來，想走就走；或者，穿著夾腳拖、汗衫就去爬山，除非你存心跟自己過不去，而且爬坡的過程需要耗費不少體力和意志力。

「閒聊」和「溝通」的關聯，就像「散步」之於「登山」，表面上都是和人說話。然而，閒聊時，你可以不需要那麼專注、有計畫，你和朋友可以有一搭沒一搭的亂聊，沒有特定主題也沒關係；或者想把所有時間用來討論某一個好玩的事件，哪怕最後沒有結論，突然有事得中斷，大家也都能理解。而且因爲是閒聊，彼此的包容性也比較高，不太強調對話技巧，偶爾說錯一兩句話，笑一笑也就過了。讓氣氛好，是閒聊最主要的功能。

一旦眼前的談話被定義爲「溝通」，表示這場對話是被賦予期待，希望達成某種功能，也許是找到解決問題的方法、也許是受委屈的情緒被理解、也許是被扭曲的訊息能夠被澄清、也許是分享彼此對重要事物的看法……等等，總而言之，存在著一個目的希望能達到，不能只有感覺好。此時，時間的分配、談話的節奏、訊息的鋪排、情緒的承接，會占有一定的重要性。就像登山一樣，需要透過一段時間的練習，才能變成一種習慣，不覺得吃力、疲憊。

這也是爲何我先前提到，**社交性的閒聊不等同於溝通能力**，一個可以跟你在住家附近散步的朋友，不代表有能力和你一起去爬山。可能他喜歡散步，沒重點的風格，成爲你們發生山難的主因。而且溝通肌肉沒有被鍛練過，也容易拖累大家的速度。

3. 挑戰高難度對話前，檢視你的裝備和體能

最後，回到「高難度對話」，你一定很清楚這絕對需要雙向「溝通協調」的能力，而非單向的「訊息表達」。同時，就困難度上，也不能僅憑平時在聊天、社交的技巧去回應，就像你不會穿拖鞋去爬玉山，你得爲自己準備更完善的裝備，才能夠應

付高難度對話。

隨著高難度對話所要處理的議題不同，有些可能只是稍微敏感，例如處理小孩晚歸；但有些可能非常棘手，例如發現公司有人洩漏機密資料。就像不同的高山有不同的難度，你不能只拿爬玉山的體力和裝備，預備攻喜馬拉雅山；又或者是，還沒爬過台灣百岳，就胸有成竹地覺得自己一定能登上聖母峰。必須視情況作調整，慢慢培養自己處理高難度對話的素質。

二、害怕面對衝突的四大心理陷阱

如果你問一個人是什麼讓他害怕把話談開？擔心把自己的想法說出來會發生什麼事？可能你會得到這類的回答：我怕被當成是難搞的人、搞不好說出來更糟、我怕對方會生氣、我猜她不會同意……。在會談之前，心中就出現好多小聲音，讓人焦躁不安。

然而，你再仔細分析這些不由自主跑出來的小念頭，你會發現這裡面有許多都是想像，阻礙了他進一步了解眞相，以至於他只好**一直用猜測代替真實的理解**。就像在第一章提到的明哲和筱瑩，假使他們各自用自己的推論投射在對方身上：明哲假定了筱瑩一定不希望他外派，他只能在放棄升遷和感情中選一個；而筱瑩假定了明哲就是不想結婚、步入家庭生活。他們就沒有機會聽見不同的故事，說出自己眞實的想法，一起找到更多可能性。

很多時候，衝突之所以無解，是因為雙方都只有想像，沒有真相。一句「我以爲……」，讓遺憾不斷地輪迴。

接下來整理出四種，一般人在高難度對話中最常出現的心理陷阱，以至於你無法在適合的時機，說出該說的話，做到基本的自我保護，或進一步的預防危險：

【陷阱1】情感投入

當你太喜歡或討厭某個人事物時，通常很難客觀地表達自己的想法或疑問。你容易選擇性的看或聽，並合理化對方一切不合常理的行爲。這樣的例子不勝枚舉，曾經有一個高學歷的女博士聲稱她愛上美國ＦＢＩ情報頭子，已經匯了好幾百萬台幣給這位「從未謀面」的網友，身邊的友人警告她被詐騙，但她依舊深信不疑。在接受記者採訪時，她還信誓旦旦的拿出彼此相愛的「證據」，厚厚一疊都是她精心收集的資料。可是，稍有一點戀愛經驗的人一看就知道那些所謂的「證據」，不過是花心男子把妹的手法，很容易取得。

此外，很多人對於宗教的崇拜，也失去了合理的判斷能力，讓自己或家人遭受危險。歷史上已經出現多次大規模的集體自殺事件，都是和宗教狂熱有關，當事人並非不知道某些規定不合邏輯，只是他們的喜愛蒙蔽了真相，無法提出異議。

【陷阱2】需求

另一個害怕衝突的心理狀態是：非要不可的需要。當你毫無退路必須接受某項條件時，你也會失去衝突的勇氣。曾經有個朋友有收藏古董的嗜好，有一回，他發現了一件唐朝文物，非常稀有，他想出價購回。朋友知道我的專長，就來問我：「怎麼樣才能便宜入手？」

我問他：「你有多想要？」

朋友毫不遲疑的說：「一定要買到，不然我就失去生活的樂趣了。」

我搖搖頭：「沒得談了，你帶錢去就對了！」

這種非要不可的心態，往往會把人逼入絕境，因為你完全沒有調整的空間，嘗試不同的作法。不只是對喜歡的事物如此，也會發生在人身上。當你認定非誰不可，例如男女朋友、合作廠商，你們的關係就無法平等，你會因爲想要挽留，而一再退讓。希望「委屈」能夠「求全」，但時間一拉長，到頭來只有委屈，卻求不到任何圓滿。

所以在談判上，非常重視「時間因素」，時間可以當成籌碼，逼對方做出決定。假使對方有一批貨正要趕工，剛好就缺你的進口原料，而且只有你有，別無分號。此時，議價權就在你手上，幾乎是你說了算。追根究柢，這些都是「需求失衡」，導致衝突無法公平進行。

【陷阱3】恐懼

儘管，我們一再地提醒大家，在衝突中有差距的是立場，而不是人。但只要是差異，就意味著彼此之間有距離，總得要有一個人願意「冒險」，情況才可能鬆動。此時，面對未知的焦慮，往往會讓人裹足不前，寧可否認問題的存在，也不願意好好看清楚眞實的情況。

有些人是害怕失去既得的權利，有些人是害怕失去面子，但最多人之所以**無法不卑不亢的面對衝突，是因為「害怕被討厭」，不希望被認為是一個難搞的人**。但忽略自己不舒服的情緒，不代表會被認同。

在出版業耕耘近十年的子晴，爲了在職涯發展上有所突破，在好友的引薦下，跳槽到金融業。但很快地，子晴發現自己對於需要大量與人交往的業務工作，非常不適應，上班變成一種痛苦的折磨。

她幾次鼓起勇氣跟主管表明辭意，主管總安撫她：「子晴，這一期的新人，我們最看好的就是妳，很多資深同事也私下誇獎妳。妳只要熬過適應期，就沒問題了！」

爲了不辜負主管的期待，子晴說服自己再試一試。只是，不舒服的感覺愈來愈強烈，主管也覺得她沒有全力以赴，經常約談子晴，雙方關係愈來愈僵，原本的好感也轉而變成失望，到最後忍無可忍，不歡而散。

經過一段時間的沉澱，子晴發現這次的離職無法圓滿，原因在於她太害怕別人對她失望，她不知道怎麼擺放別人對她的評價，以至於她無法拒絕主管的挽留。

這讓我聯想到一個故事。有個小朋友去馬戲團看表演，看到大象被細細的鐵鍊拴著，好奇問爸爸，爲什麼大象力氣這麼大，卻無法掙脫鐵鍊？爸爸告訴小朋友，大象從小時候就被鐵鍊拴著，當時牠還小，沒有力氣掙脫，現在長大了，牠習慣了這條鐵鍊，就以爲自己沒力氣擺脫這條鐵鍊。

在高難度對話中，「恐懼」就像這條細細的鐵鍊，癱瘓我們面對衝突的能力。恐懼，使我們逃避面對眞相，問題也就如滾雪球，愈滾愈大。就像子晴的害怕，讓她寧可忍受不舒服，也不願意選擇向主管表達自己眞實的感受。她不想辜負任何人，卻也沒讓任何人滿意。

【陷阱4】自我防衛

最後，讓人無法理性面對衝突的心理因素是：自我防衛。完全無法接受任何不同的觀點，一旦他發現有人的看法和自己不一樣，就急著反駁，或直接採取攻擊。

在本書第二部的〈聞〉，聲音語氣與口語表述所洩漏的祕密一節中，我們會提到當一個人有不恰當的怒氣，通常就是他的防衛反應，他希望透過憤怒制止你的探問或深究。在沒有經過訓練的情況下，很多人就會帶著滿腹的委屈或疑問，悻悻然地離開。

我曾經輔導過一個個案，他非常需要身旁的人讚賞他，不容許一絲批評。有一次，他找我討論帶領員工的困難，不理解他們爲何會在一些小地方上計較，我邀請他試著拓展生活的經驗，體驗不同階層生活的感受，也許是到醫院當志工，或是參加一些救援社團。他一聽到我的建議，馬上投射我是拐個彎說他不知人間疾苦，並對我生氣。

當時，我知道這是典型的防衛反應，我沒有急著澄清自己的意圖，保持情緒平穩，讓他完整表達自己的想法，在沒有被威脅的疑慮後，我又把剛剛說過的話再說一次，接著問：「你覺得我是邀請？還是要求？」

他忽然發現自己反應過度，把我當成是過去那些逼著他長大的權威者。覺察到這一點後，他修正了對我的態度，收下我的建議，不再急著捍衛自己的立場。

衣櫃裡真的有怪獸嗎？

每個人有不同的成長經驗，加上先天人格特質的差異，這使得你和我在面對衝突情境時，內在產生的化學反應必定有所不同。在嚴格教養中長大的孩子，可能對於說出自己的立場有很大的恐懼，特別是面對權威者，會因爲想要獲得認同，無法清楚表達自己；而自我意識較強烈的孩子，則容易爲反對而反對，讓憤怒的情緒走在前頭，築了一道高高的圍牆，讓人難以靠近。

因此，當你發現自己明明需要透過高難度對話，來解決眼前的問題，卻遲遲無法行動，很有可能正是這些心理因素，阻礙了你問該問的訊息、做該做的事情。花一點時間，探索自己的擔心、恐懼、需要、喜愛或自我認定，你會發現那個從小讓你害怕的衣櫃，裡頭並沒有藏著任何可怕的怪獸，一切都只是我們的想像，勇敢地打開，你才能和當下接觸。

Chapter 3

面對衝突，小心情緒地雷

前幾章，我們談了什麼是高難度對話，它出現在生活中的頻率有多高，如果能夠好好處理這些對話，可能帶來哪些好處，以及對一般人來說，容易卡關的環節何在。對於很多人來說，這些觀念可能都不陌生，也花了不少時間研究，希望能夠學會有建設性的處理方式。

可是，讓你氣餒的是，自己明明想了許多不錯的開場白，卻在與對方互動沒多久，難以控制的情緒讓關係又陷入指責、批評和謾罵中。你忍住不翻白眼，然而心中的挫敗感，卻隨著一次次的對談破局，讓你對自己處理衝突的信心愈來愈低，從此乾脆視而不見。

「情緒」是很多人在面對衝突，知覺自己或他人最大的障礙。傳統的教育很少教我們如何適當地處理情感，因此很多人分不清楚「表達情緒」和「情緒化」的差別。好像說明自己的情緒，就等於是「情緒化」，容易太感性，無法進行理性的討論。其實你可以用客觀、不激動的方式表達自己的感受，也可以任由情緒走到極端，完全不表達。換言之，你不能用情緒出場的多寡，來判定一個人是不是情緒化。

相反地，一個人愈能穩定的表達自己的情緒，就像火山的熱能有定期的釋放，他失控、暴怒、情緒化的機率也會愈低。因此，在進入本書第二部的內容前，我們必須先了解自己容易在衝突中出現的想法、推論和反應，不被情緒綁架，所學的技巧才能派上用場。

在高難度對話中，最典型的情緒反應，就是「憤怒」。因爲生氣，很容易引起攻擊與自我保護，進而出現指責或否認的行爲。在這一章中，我們就要來談談，有兩種狀況特別容易引發憤怒，分別是：「推論對方的意圖」和「害怕自己被騙」，以及如何才能保持情緒的穩定。

【地雷1】推論對方的意圖——「你明明就是故意的！」

先前我們提到，有衝突的是立場，而不是人，你想吃牛排，另一半想吃麵，你們想要的不一樣，自然容易起爭執。雖然問題是出在你們想吃的「東西」不一樣，而不是你們本身，可是有許多情況，這類對話到最後會演變成：「你是故意不配合我」、「你就是愛唱反調」，更嚴重一點是搬出殺手鐗「你不愛我」，威脅對方順從。

爲何本來只是吃什麼的小事，搞到最後變成還要不要在一起的爭論？答案很簡單，因爲**我們都太習慣推論別人的意圖，並且把自己的見解當作真實**。當對方不配合時，我們直覺地覺得對方是衝著自己來，基於「個人因素」，刻意做不一樣的選擇（想看你失望），而不是有「外在事件」（牙痛無法咀嚼），讓他無法接受你的提議。

這種習慣，幾乎每天都在發生。俊成就是一個例子。他的工作需要資訊部門的人，即時提供報表給他，他才能向客戶解說提案。這幾天，他發現資訊部給報表的速度愈來愈慢，本來三個小時就能搞定的事情，拖了一天還沒寄到他的信箱。

俊成認爲一定是上一回在主管會議中，他反映資訊部的設備太老舊，惹來身爲資訊部經理的大衛心生不滿，刻意不配合。帶著這樣的推論，俊成假定了大衛的行爲是存心跟他過不去，氣呼呼的拿起電話撥給大衛，劈頭就罵：「我只是要你出一份簡單的報表，還得我三催四請，你不要太過分喔！不然下一次會議，大家走著瞧。」

重新檢查一遍，在這段對話中，俊成根本還沒有收集足夠的證據，去判斷大衛的動機是出於什麼理由，他就推論對方是有意讓他難堪。如果你是大衛，會不會覺得很莫名其妙？假如我再告訴你，在此同時，大衛爲了防堵駭客的攻擊，已經忙得焦頭爛額，三天沒回家，還得不時地提醒部屬，該給俊成的資料不能少，你又會怎麼看待俊成先前的反應？是不是覺得俊成以小人之心，度君子之腹。

可是，俊成只要說：「我又不知道資訊部發生什麼事情，你在前線打戰，後面不提供子彈，任何人都會因爲著急而發脾氣的。」似乎聽起來也挺有道理的，於是公說公有理，婆說婆有理，兩人從此結下樑子，怎麼看都不順眼。

「寬以待人」？其實人有兩套標準

古人說「嚴以律己，寬以待人」，但從心理學的角度來看「嚴以待人，寬以律己」會更符合人性。當表現不如預期時，如果是發生在自己身上，因爲你了解所有的情況，所以你會把狀況歸因於外在的環境因素，例如：昨晚有貓叫，吵得我睡不好，天氣太熱，思緒浮躁；但如果是發生在別人身上，你所知的訊息太少，你傾向把責任歸因於內在的個人因素，特別是對方的性格，舉例：他就是心高氣傲，才會輕敵；他本來就很小心眼，見不得人好。

這下你就明白，人眞的有兩套標準，下次媽媽自己沒洗碗，說是因爲「忙」，可是換成是你沒洗，就變成是「懶」時，也不用太訝異了。

而且，這種推論是很自動化的，常常在你還沒覺察以前，內心的小劇場已經演完。你不一定知道自己做了什麼假設，可是對方會有感覺，**而錯誤的推論往往帶來很大的破壞力，造成關係巨大的裂痕**。就像俊成，可能連自己都沒發現，把「會議上的發言」和「取得報表的時間」混爲一談，儘管沒有事實上的根據，但一旦這麼推斷，他就會信以爲眞。進而產生對應的情緒，引發後續的行動。

案例一 那該怎麼辦呢？隔離「意圖」和「影響」

首先，必須承認我們會去揣測別人的意圖，假使這件事又剛好造成某些傷害，我們就更容易把對方直接標定成不可原諒的「壞人」。此時，當你一意識到自己討厭或生氣某個人時，請先喊暫停，並試著把「意圖」和「影響」切開。你就比較不會做出錯誤的推論，同時，還能避免傷害擴大。

我們直接來看例子。慧澤是電視新聞台的編輯，平常她得排rundown，改稿子，追帶子，應付棚內的突發狀況。她經常在編輯台和錄影棚內衝來衝去，桌上的電話也響個不停。

不過，讓她心力交瘁的，不是緊湊的新聞工作，而是隔壁同事莉婕。莉婕喜歡一心多用，一邊寫稿子，一邊扯著嗓子和同事聊她剛買的高級鑄鐵鍋，兒子在學校田徑賽中，又跑贏幾位同學……。在慧澤眼中，莉婕就是那種喜歡用聊八卦來搏感情的人。

最讓慧澤受不了的是，當她認真工作時，莉婕不但沒有壓低嗓門，反而肆無忌憚地繼續聊天。慧澤常常幻想自己拿著膠帶，用力封住莉婕的嘴巴，但僅止於幻想，沒有行動。她擔心萬一開口要莉婕小聲點，會讓同事關係變得尷尬，只好戴上耳塞，萬般忍耐。或是打字時，鍵盤愈敲愈大聲，希望莉婕能主動發現她的不滿。

當然，莉婕沒有讀懂她的暗示，日復一日的吵鬧，最後慧澤受不了，主動問我：

「有沒有什麼方法，可以讓莉婕識相點，不要那麼吵？」
我第一個問題就問她：「妳怎麼看待莉婕的行爲？」
「我覺得她就是那種喜歡搞小圈圈的人，表面上在聊天，實際上是在占地盤，誰跟她有話聊，誰就跟她是一國的。」（慧澤的推論）
「這個想法讓妳很不想跟她有牽連，妳覺得好好地跟她說明妳的情況，就代表妳和她是同一類人，所以妳不想太親近，讓她知道妳的感受。是嗎？」（澄清慧澤的意圖）
「嗯！好像是，我不想要有求於她。」
「可是這個情況如果繼續下去，會造成妳什麼影響？」
「我的工作無法在期限內完成，主管就會不開心，對我或其他同事生氣。」（可能的傷害）
「妳對莉婕的看法，有助於減少妳的傷害嗎？會因爲妳把她排拒在外，她就吵不到妳嗎？」
「當然不會。還會因爲太生氣，只要她一開口，不論大小聲，我就覺得煩。」

「嗯！這問題真的很困擾妳，但我想邀請妳多想想莉婕的行為，除了搞小圈圈外，還有什麼原因會讓她有這樣的表現？」

「這問題真的很難回答，因為我太討厭她了……（情感投入），（沉默半晌）……但我想她可能是喜歡熱鬧，不希望辦公室的氣氛太沉悶，才會一直找大家聊天。」（重新改寫推論，才可能有行動）

「這麼想會讓妳比較願意，當面和莉婕說明自己的感受嗎？」

「嗯！不那麼排斥了。」

面對衝突，很多時候過早的推論所引發的怒氣，很容易讓我們無法看到事情的全貌，就用指責、怪罪，表達自己的不滿。以慧澤的角度而言，她假定莉婕太白目、太聒噪，存心打擾同事。但以莉婕的立場來說，她喜歡透過敘說，整理自己的思緒，同時，愉快的談話也會讓她對工作保持熱情，因此她可以一邊聊天，一邊寫稿，從來沒有「被干擾」的問題。

類似的磨擦和差異，一開始都以小問題呈現，但一昧的逃避、指責或忍耐，只會讓小狀況慢慢惡化成嚴重的歧見。因此，想要妥善處理高難度對話，必須先建立一個觀念，**重點不在於「錯在誰身上」，而是「誰不願意看到錯再繼續發生」**。就像你發現客廳地上有紙屑，你會撿起來？還是抱怨大家不愛乾淨，坐著等人發現這張紙屑？

慧澤必須學習負起責任，把話講清楚，而非奢望對方「理所當然」配合自己的想法、意圖做事情。於是我接著問她：

「妳覺得莉婕上班愛聊天這件事，是誰的困擾？」

「當然是我啊。察言觀色是基本配備，不是嗎？她那麼吵，會干擾到我的工作。」

「既然是妳的困擾，不是莉婕的困擾，她有什麼理由要降低音量，配合妳？」

「是沒有，如果她不知道我被干擾，她沒有義務要改變。」

面對衝突，慧澤必須先放下自己的推論，把自己受到的衝擊以及情緒反應說清楚。如此，我們才能依據對方後續的反應，來決定下一個步驟。而不是一下子把問題升高到難以協調的地步。

相較於情緒性的指責，我邀請慧澤先提出自己受到的衝擊，表達自己的感覺，從自己的立場出發，而非推論莉婕的意圖，可以減少對方的防衛心態。接著，再提出解決方案，讓莉婕看見「降低音量，幫助同事」有什麼正面結果，鼓勵對方朝我們想要的方向走。

透過角色扮演，我協助慧澤整理自己想說的話：

「莉婕，我現在在趕午間新聞的rundown給採訪主任，我只剩下二十分鐘，可是因爲妳在聊天，我沒辦法專心。（受到的影響）

我很擔心等一下rundown出問題，採訪主任又要罵人。（自己的感覺）

可不可以麻煩妳等一下再聊？等我rundown弄出來。（解決方案）

如果我可以如期完成工作，主任就不會發脾氣，影響大家的心情。（配合的正面結果）」

儘管，慧澤曾咕噥：「講這麼多，感覺很囉唆耶，真的有效嗎？」但既然老方法行不通，就得改變作法，勇於嘗試，也是處理高難度對話所需的精神。

帶著實驗的心情，慧澤找到一個機會，在莉婕開始大聲聊天時，表達自己的需求。結果讓慧澤非常驚訝。

原來，當她用傳遞自己受到的衝擊，取代過往的指責口氣，反而讓自己看起來更冷靜，就事論事。而莉婕也才發現自己的大嗓門會干擾到同事。後來，又遇到類似的情況，當慧澤又說：「莉婕，不好意思……」莉婕立刻點頭會意，用手勢在嘴巴上做了個拉拉鍊的動作，馬上安靜下來。

放掉你心中的船，不需要緊緊抓住憤怒

莊子曾經說過一個故事，大意如下：

你航行在一個河道，不巧又起了大霧，伸手不見五指。這時，迎面而來一艘船，你對著船上的人大喊，請對方趕快讓開，結果對方沒有反應，於是你更生氣，覺得對方是刻意找麻煩，你心想：「好啊！你不動，我也不動，到時候看誰比較慘。」直到對方的船，近在咫尺，你才發現船上沒有人，想趕緊把船移開，卻來不及了。

在衝突中，不論是推論別人的意圖，或指責對方要爲我們負責，就像是我們假定船上有人，應該配合我們轉向。其實，你推論的壞人可能不存在，但你太生氣了，即使可以在更早之前做調整，好整以暇的避免一場意外，卻因爲心中的假設錯過了最好的時機。

反過來，就算船上有人，你也可以問自己，究竟是平安比較重要？還是爭論誰是誰非比較重要？相信你心中自然會做出最好的選擇。

每當有人面對高難度對話，忿忿不平的說：「爲什麼是我？」「難道對方沒有責任嗎？」我都會分享莊子這篇「空船」的故事，試著讓對方明白推論的後遺症，他有權利爲自己做更好的決定。

記得，沒有人故意和你過不去，只有你才能決定要不要讓自己過去。

【地雷2】害怕自己被騙——「我怎麼知道你有沒有騙我？」

在高難度對話中，另一個很容易引起我們情緒反應的就是「欺騙」。

請你回想最近一次被騙的經驗。還記得當時的感受嗎？訝異、憤怒、懷疑、沮喪、挫敗、無助……，這些情緒可能是交錯出現的。一個你深信不疑的合夥人或伴侶，突然做出傷害你的事，你第一時間的反應必然是震驚的，有些人會轉變成憤怒，接著出現攻擊行爲，藉此達到自我保護的作用。也有些人，不選擇激烈的出場，他把自己藏起來，在自己的世界中悔恨、療傷。

說謊，常常會引發我們很大的情緒反應。因爲大腦的設計，讓我們對任何威脅到生存的行爲都會特別敏感。因此，我們從小就被教導要當一個「誠實」、「正直」的乖小孩，透過團體規範和法律，讓社會穩定運作。一旦發現有人不誠實，爲了讓系統恢復常軌，我們會舉著正義的旗幟，施予懲罰。

而這樣的期待，會讓人以爲我們所有人身上都配備「誠實」的程式，只有在系統被污染或中毒時，才會「說謊」。所以，當有人竟敢違反原始設定時，當然要趕快移除，讓作業系統恢復原狀。

然而，你可曾想過這樣的假設，正是讓我們痛苦的來源？

說謊，是人的本能

許多研究都已經證實「說謊」（這當中包含了：戲弄、隱瞞、假裝和分散注意力），才是人的本能。當一個小嬰兒，發現笑能夠吸引父母的關注，得到更好的照料後，他就會利用笑來得到自身的好處，即使他本身並沒有覺得開心，或者眞正感覺舒服。就本質上來說，這是一種欺騙的形式，可是，你會說這個嬰兒邪惡嗎？似乎反應過度了。

接著，科學家又仔細分析執行說謊，需要哪些能力配合？結果他們發現說謊者的心智運作是更嚴謹、細緻的。首先，他要有想像的能力（無中生有），再透過編造能力，創造一套說法；但如果謊言太不實際，也會被看穿，所以他還需要有同理的能力，知道對方會想什麼，可能會在意哪些細節；最後，他還得有執行能力，按計畫展演謊言。

也就是說，不夠聰明，還沒辦法達成有效的欺騙。連考古學家都承認，我們祖先的基因中，愈擅長欺騙的人，就愈有繁衍後代的優勢，因爲他能夠判斷自己的行爲對他人造成的影響，以及預測他人的行爲與自己的關係，藉此取得有利的資源，或保護自己不受騙。

基本上，九個月大的嬰兒已具備欺騙的概念，執行簡單的假裝或戲弄；而大約二到三歲的幼兒，能夠進化到隱瞞或分散大人的注意力。當然，他們這麼做並不是出於惡意，單純只是爲了避免被處罰，或讓自己得到快樂。例如，你問一個兩歲小孩，巧克力是誰偷吃的？明明手上還有殘餘的黑色糖漿，他也會睜著大大的眼睛跟你說：「不是我。」原因很簡單，因爲他不想被罵，或者他希望能吃到更多巧克力。

所以，就心理學家的觀點，當你發現自己的小孩會說謊時，別急著生氣，你應該覺得很欣慰，就像你第一次聽到小孩叫你爸媽一樣。代表著他的大腦功能進步到下一個層次。（當然，我知道這難度很高，因爲心理學家也不一定做得到！）

回到成人的世界，說謊和藝術更是一線之隔。你明知道電影裡男主角的死亡，不是眞的死亡，但你還是會爲他遺憾；你知道是因爲劇情需要，他們才會相愛或別離，但你還是哭了。雖然劇情是假的，但你的情緒是眞的。你接受這些形式的「不眞」，是因爲你知道他們這麼做，有其更大的目的和動機（娛樂、教化）。

你若分析一個故事或電影，之所以會被稱讚、流行，其內容不能只有虛構、捏造，必須建築在一些眞實，你我都熟悉的事物上，整個故事才會有張力。這和謊言的架構是一樣的，必須有些地方是眞的，有些地方是假的，你才會上當，全部是錯誤的訊息，很容易被識破。所以，有人曾開玩笑說，一個精通於把熟悉和陌生材料組合起來的人，好一點的工作是去好萊塢當編劇，不然，就是穿梭在城市的陰暗處，找尋下一個獵物。但不可否認的是，他們都需要大量的創造力。

說謊是天性，誠實是選擇

談了這麼多，最重要的目的是讓你了解「說謊是天性，誠實是選擇」，**唯有先放下道德的批判，才有可能平靜的開啓對話，不用花力氣爭論是非對錯，衝突才可能有圓滿的結果。**一個人看出去的世界只有黑與白，是很難妥善處理衝突，和人達成協議。

也就是說，你得先了解在高難度對話中，人會說實話，是因爲他覺得誠實比較有好處，他就會做出這樣的選擇。反過來，如果你讓他覺得說謊比較有利，他反而會執行的更好。

以親子教養爲例，在成長的過程中，我們一定經歷過陽奉陰違的階段，就是表面說一套，實際做一套。譬如母親問你：念書了沒？事實上，你一個字都沒念，但你會說：差不多了。爲什麼？因爲你不想說實話後，得忍耐母親的碎碎念，或者看到母親擔憂的反應。這對你來說，是不舒服的，所以你下意識想閃避。

當時，你也許不會定義自己是「說謊」，畢竟你沒睜眼說：「我讀完了。」你說的是：「差不多。」是母親自己把「差不多」當成「有念」或「快念完了」。你可以說這是一種文字遊戲，騙人掉入陷阱；但我更喜歡說，你只是釋放了「不眞」的訊息，但還不至於有說謊的意圖。

因爲在光譜上，「說謊」是「不眞」的極致，是最明顯的欺騙，也是最容易讓人覺得不舒服的狀態，甚或是造成具體或心理的傷害。但在上一個例子中，當你脫口而出「差不多」的時候，你並沒有要傷害任何人，所以比較接近「不眞」。不過，無論是「說謊」或「不眞」，最重要的都是達到「誤導」的目的。

案例二

與其抓謊，更重要的是營造真實、可以呼吸的空間

避免被誤導的方法，並不是明文禁止撒謊，而是**創造一個有利於誠實存在的空間**。

明美和宜安的女兒是同班同學（曉曼和佩佩），兩人正值青春期，這個階段的孩子難免會對異性產生好奇。有一次，宜安的女兒佩佩，告訴媽媽說：「我要去圖書館看書。」

宜安問了一句：「跟誰去？」佩佩說：「就跟曉曼啊！不然還有誰。」一付理所當然的態度，讓宜安不疑有他，便答應女兒出門。

結果，宜安在買菜的路上看到曉曼被一個男生載走，根本沒去圖書館。宜安馬上聯想到佩佩說謊，立即撥了電話告訴明美，核對明美那頭的訊息，確定這兩個孩子聯手編造了一個謊言。

氣急敗壞的宜安，坐在客廳沙發，從中午十二點，等到下午五點，看到女兒若無

其事地回來，劈頭第一句話就問：「說，妳今天野去哪裡了？妳最好說實話，否則我打斷妳的腿。」

佩佩情急之下，脫口說：「就說去圖書館，妳幹嘛這麼激動。」

宜安眼看女兒沒有悔過的態度，氣得大罵：「這麼小就知道說謊，將來長大怎麼辦？我這麼用心給妳好環境，妳竟然學會欺騙媽媽，妳的心是鐵做的嗎？」

很熟悉的話，是嗎？很多父母在沒有經過訓練的情況下，很容易說出類似的話。仔細分析宜安的用詞，她不僅犯了推論女兒意圖的錯誤，更糟的是，她把女兒說謊的行爲，連結到個人的品格。當孩子所做的事，經常被當成人格攻擊的理由，孩子很快地就會長出一套盔甲，用來保護自己的感受，合理化自己的行爲，創造更多謊言來讓自己好過。

於是，宜安的預言成眞，女兒長大後確實會說更多的謊，但主要推手是宜安自己造成的。

同一時間，明美得知消息後，並沒有做出任何的回應，她照常下班買晚餐回家。看見曉曼回家，一如往昔的問她今天過得如何？曉曼當然知道今天很不一樣，她和別校男同學一起坐摩天輪，心跳加速的感覺還在，臉上卻還是要裝鎮定地說：「老樣子。」但音調明顯有心虛、遲疑的反應；同時，刻意背對著明美，眼神一直不敢與她接觸。這和平常一回家，就抓著明美說東道西的曉曼很不一樣。

明美把這些反應都放在心中，不急著戳破，繼續問：「那妳最近生活中有什麼變化，想跟媽媽分享，媽媽覺得妳最近心情總是特別好，也想分享妳的快樂。」

這段話卸下了曉曼的心防，一來她以爲媽媽眞的不知道她偷跑去玩，二來，她開始動搖自己的假定，也許媽媽不會反對她交男朋友，這樣以後她就不用爲了出去玩說謊，那會讓她覺得很不舒服。

曉曼愣了兩秒，怯生生地問：「媽，妳覺得現在的高中男生怎麼樣啊？會不會很幼稚？」明美當然知道女兒拐個彎，想問感情的事，但如果她希望女兒告訴她更多訊息，她的回應必須讓女兒不覺得被威脅。

「曉曼，男女生會互相喜歡是很正常的，我和妳爸也是因爲喜歡，才有今天的妳啊！如果妳眞的有喜歡的男生，媽媽也會想要多了解，一起幫妳看看他是不是一個值得的人？談戀愛如果只有妳快樂，爸媽很擔心，這樣妳也不會覺得幸福，對嗎？」這段話，不僅預留了誠實可以出場的空間，沒有潛在的懲罰意涵；同時，也暗示曉曼說實話，反而可以從父母身上得到更多資源。

這時候，曉曼遇到一個關鍵性的轉折，她要繼續撒謊，還是乾脆說實話。

如果曉曼選擇繼續說謊，她的大腦必須進行更龐大的資料運算，記得自己曾說過什麼理由，改天若被抓包要怎麼圓謊，她得花比較多的力氣維持謊言，而且隨時有被戳破的可能，得一直擔心。另一方面，如果曉曼評估媽媽不會因為她說謊而指責、處罰她，她只需要道歉，頂多經驗一段愧疚感，但只要改正行為，她就可以把先前的謊言拋諸腦後。

兩相比較之下，如果你是曉曼，你會怎麼選擇？

後來，曉曼覺得說實話是比較簡單的選項，她選擇了對自己有利的作法，全盤托出。於是，明美和曉曼都在這場高難度對談中，各自取得自己想要的東西，解決心中的焦慮，明美不需要老是猜忌女兒的行蹤，而曉曼也多了一個談心的對象，不用一個人面對戀愛的不確定感。兩人的關係因此變得更好。

對話前，請先停看聽

明美的處理方式，正是第二部即將討論的重點，如何在進行高難度對話中：

望——看穿無法遮掩的情緒行爲反應

聞——聽出聲音語氣與口語表述所洩漏的祕密

問——獲得關鍵訊息的巧妙提問

切——讓危機變轉機、壓力變助力

千萬記得，你之所以能取得所需的訊息，並不是你的問話能力有多好、權力位置有多高。一個人會誠實是因爲這麼做比較有利，而不是因爲道德約束。你得先接受並理解人沒有誠實的義務，如此，你怎麼營造對話的氛圍，讓對方願意誠實，就變得格外重要了。

所以，在高難度對話中，有兩個問題很重要：「你如何判斷對方的訊號？」和「你如何營造容許眞實的環境？」都會在接下來的內容中一一分析。

Part 2

處理高難度對話

望——觀察

聞——聆聽

問——發問

切——決策

爲何在高難度對話中，培養「望聞問切」的能力如此重要？

原因很簡單，因爲當我們處於壓力情境之下，大腦會自動將焦點窄化，只運作最重要的訊息，壓抑其他不相關的思考，例如晚餐要吃什麼、等一下要怎麼回家……等等。目的是集中注意力，專心處理眼前的事物。

然而，這樣的運作方式也容易造成我們只挑自己想看的看、想聽的聽，選擇性的判斷訊息。而且一旦是大腦認定的事實後，就很難修改，會朝著慣性方向思考，爾後才發生的訊號也會塞入原有的架構，刪減成符合舊故事的版本。譬如當你認定同事是故意在上司面前打你的小報告，不論他怎麼解釋自己是就事論事，或者他陳述的內容跟你一點關係也沒有，你依然會懷疑他的人品和動機。除非有其他更強而有力的證據，能夠重新改寫你的認知。

這樣你就能明白，爲何**人際關係一旦發生誤會，就很難解得開，因為你無法潛入對方的大腦中修改他看待世界的方式，唯有當事人自己改變，否則再厲害的溝通專家都沒有用**。這也是爲何高難度對話常常讓人氣餒的地方，你得盡可能小心自己的呈現，減少被錯誤理解的機會或程度；同時，你還要能夠處理判斷對方的訊號可信度？和你有什麼關係？你該如何計畫下一步。

如此龐大的訊息量，得要在很短的時間內反應完畢，在沒有經過訓練的情況下，是很難精準的解讀並做出適當的反應，很容易誤解對方的訊號，造成難以挽回的局面。這麼多年的實務經驗也告訴我，問題的結果通常很難處理，當雙方對事情已有成見，要再回頭，好好的溝通協調，需要彼此都有很大的決心與意願，否則就是被情緒綁架，陷入意氣之爭。

這本書希望透過系統性學習，幫助任何人在面對高難度對話時，能夠進退有守。不再只是專注於自己想說什麼，可以打開眼睛，從「看見」對方的反應，到「看懂」對方沒說出口的意思；從「聽到」對方的說法，到「聽透」對方的心思；並從中篩選出不一致或需要再確認的環節，深入探討，「問出」關鍵性的問句；最後，總結所有的訊息，「做出」決策，讓衝突情境能夠圓滿落幕。

更重要的是，除了正確判斷對方的訊號，減少誤解的機會，在溝通中，自己的呈現也會影響對方的態度。因此，在〈望〉和〈聞〉兩章中，我們也會提醒你在高難度對話中，你該怎麼營造安全的氛圍，讓眞實有機會出場？由外而內，讓人不覺得和你談話有壓力，事情就容易了。

Chapter 1

身體會說話，希望——但你看懂了嗎？

在上一章中，我們提到認知是極其有限的資源，因此，人在壓力情境下，認知功能會窄化，只專注眼前最重要的事情。儘管這樣的習慣，容易讓我們忽略許多重要的訊號，但也因爲基於同樣的運作模式，當一個人忙於澄清自己的意思時，會花很多時間監控自己的說法，以至於無暇覺察自己的表情、手腳是怎麼擺放的。因此，身體會比語言來得誠實許多。

也就是說，假使一個人有心誤導你，他會因爲急於編造一個「完美」的說法，而忽略了身體表情的控制，如果你能提早察覺有異，就有機會在對方沒有防備的情況下，收集到關鍵情報。或者，對方並沒有想要欺瞞你，但基於某些因素，他不願意告訴你心中眞正的想法，例如怕你難過，嘴上說沒事，但抿著嘴笑。**當你能夠打開自己的感官，用心於彼此的狀態，你就能夠在對方身上找到不一致的訊號，在合適的時機提出來討論，讓對方覺得你真的很在乎（懂）他。**

你比自己以為的更常「視而不見」

爲何在高難度對話中，觀察力如此重要呢？因爲很多時候，我們都以爲自己看到的就是眞相，所謂的「眼見爲憑」。但心理學家曾經做過一個實驗，來證明我們常常「有看，沒有到」。

實驗邀請一群受試者觀看一段影片，並告知影片中會有兩組人，每組三個人，一組穿黑色上衣，另一組穿白色上衣，一起打籃球。並告訴受試者這是一個測驗專注力的活動，題目是專心數白隊隊友彼此傳接球的次數。

影片大約播放至第十三秒鐘時，會有一個身穿黑猩猩布偶裝的工作人員，穿越兩組人，從鏡頭右邊走到左邊，並且還刻意跳一段月球漫步，時間大約長達九秒鐘。此時，影片結束，詢問受試者白隊傳接球次數，不論受試者回答多少次，接著再問他們：是否看到一隻黑色大猩猩，從中間走過去？

答案揭曉，第一次做這個實驗的受試者，有超過一半以上的人沒有察覺到這隻黑猩猩的存在。心理學家稱這個現象爲「不注意視盲」（inattentive blindness），意思是說當人的注意力集中在某一件事物上，就會自行關閉對其他訊號的偵測與覺察，特別是不預期的事物更容易被忽視。這也是為何政府會規定開車不能使用手機講電話，因為這兩個活動都需要大量的認知功能，會發生排擠效用，你很有可能正在專心吵架時，沒看到旁邊騎機車的大學生，一不小心就擦撞了。

所以，回到高難度對話，有時不一定是別人刻意誤導你，或是心口不一，而是你太專注在自己的世界裡，忽略了一直發生在眼前的訊號，即使這些訊號可能很明顯，就像大猩猩一樣。

瑞芬曾經犯過同樣的錯誤。她長年服務於社福單位，負責帶領志工團完成機構交辦的庶務工作，由於這些人都是自願幫忙，常常犧牲陪伴家人的時間，甚至自掏腰包購買器材。瑞芬對大家的熱情心存感念，覺得大家都是天使的化身，從來不懷疑志工的動機。

直到有一天，她接到民眾投訴的電話說：遲遲沒收到捐款的收據，想要了解募款的流向。剛開始她以為是有人惡作劇，但接連好幾通電話進線查詢後，瑞芬才驚覺不對勁，機構根本沒有向外募款，怎麼會有這麼多民眾說自己捐了錢？她開始收集資料，發現所有的款項都流入同一個帳號，正是志工團團長的帳戶。

她慢慢回想，過往團長經常花錢請大家吃飯，或者購買許多禮物送給夥伴，說這樣能讓大家對機構更有向心力。但瑞芬知道團長的收入並不優渥，她曾私下關心團長的財務狀況，表明自己的擔心，但團長每次的回答都閃爍不定，顧左右而言他。表情也沒有一般人慷慨請客後的豪爽或滿足感，反而多了一絲悲傷，但因爲一閃而逝，團長馬上又恢復笑容，瑞芬覺得是自己想太多。

經過一番查證，原來團長打著機構響亮的旗幟，在外逢人就說機構經費有限，需要大家一起捐小錢，做好事。很多人都知道她是志工團的團長，而且一、兩百塊很容易拿出來，就不疑有他，紛紛用行動證明自己的愛心，但實際上卻是進到團長私人的口袋。加上她和志工們的關係良好，也確實拿一些錢出來回饋大家，所以大家都睜一隻眼閉一隻眼，沒有刻意戳破。直到團長的胃口愈來愈大，要求的款項愈來愈多，還隨口同意開立收據讓大家抵稅，這才東窗事發。

回想整個過程，瑞芬說：「我其實早有預感不對勁。可是就是不想張開眼睛看清所有狀況，我怕隨便誣賴人，會讓對方受傷。但其實是我**根本不想**知道眞相，我很怕這件事情是眞的，那就代表我的信任被濫用了，這是一種背叛，我也得負擔連帶責任，所以我情願視而不見，拖過一天算一天。」最後，團長以詐欺罪被起訴，瑞芬也因爲業務過失，督導不周，被記過調職。

在瑞芬的身上我們看到，當問題已經惡化到極限，通常就很難有挽救的空間。假使她在過程中能夠勇敢一些些，試著去確認自己的懷疑，而不是一直合理化對方的行爲。也許，今天就不需要付出這麼大的代價了。

預先學習，當下反應

聽完這麼沉重的案例，你不禁會想，難道沒有預防的方法嗎？

好消息是，「不注意視盲」是有解的，因爲它不是生理上的問題，而是心理運作上的盲點，只要你事先被提醒，就像實驗中的受試者，再經過說明後，重新倒帶看影片，所有人都發現了那隻猩猩，無一例外。

也就是說，如果有人告訴你，某些行爲若出現在高難度對話中，你需要格外留意，透過學習，你已經被提醒、解釋過了，未來當對方出現類似的反應時，你就能夠察覺，並做適當的解讀，眞正掌握事情的來龍去脈，而不是陷入自欺欺人的狀態。

這也是我們接下來要討論的重點。但由於人類的肢體語言有成千上萬種，一一解釋需要很長的時間與篇幅，加上在緊張時刻，你也無法逐一回想、調閱這些知識。因此，這裡只挑出三個**在高難度對話中，較重要的觀察熱點（Hot spot）：分別是表情與情緒、安撫反應和抗拒反應，方便你在進行高難度對話時，注意判斷。**

信任，但要查證

不過，在正式進入分解動作之前，我希望大家能夠先花一點時間，建立對行爲觀察的正確認識。首先，解讀行爲訊號並不是讀心術，透過學習你可以捕捉到別人細微的表情牽動或行爲改變，卻不等於你知道對方眞正的想法。

舉例，當你看到一個男子緊握拳頭，手指關節因爲用力而泛白。你可以說：這個人在壓抑、克制自己的行動，可能眼前的事物引發了他的憤怒。但你不能說：他是一個易怒的人，他一定是不高興朋友偷吃了他的食物，等一下他就會撲上去打人了。

前者，只是描述對方的客觀行爲，以及這個行爲在人類演化上，最常被理解的情緒意義。但後者就犯了**「過度推論」**的錯誤，一個人是不是易怒，是需要靠長期觀察的結果，不能單憑隨便看兩眼就能定論；而他生氣的理由究竟是不是因爲東西被偷吃，也只有當事人才知道，可能他眞正生氣的原因不是食物，而是他覺得被冒犯，或是他已經忍耐朋友的壞習慣很久了，這一次他不想再隱忍了。

行為的解釋都只是一種傾向，而非恆常不變的標準。因此，保持開放、好奇的心態，在觀察前是很重要的前提，否則你容易執著於一個小訊號，忽略脈絡的因素。

而實驗也發現，一個對人性保持信心、正向的人，會比另一個常常懷疑別人會傷害他，覺得人性本惡的人，其偵測謊言的能力更好。原因就是我們在上一段討論的「不注意視盲」，當你只專注於某些你認定是欺騙的線索，例如：眼神有沒有接觸、說話有沒有結巴，你就會忽視眼前反覆出現的詭異訊號。相反地，當一個人是持開放的態度在與人互動時，他反而更能掌握眼前所有出現的訊息，一旦稍有偏離常軌的狀況，他會更快做出反應。

因此，在〈望〉這一章中，我希望你能像美國前總統雷根，在面對國際軍備管制的態度一樣，**「信任，但要查證」**。我們不預設對方的立場，或推論對方是故意要傷害我們，使偏見影響了我們的知覺，做出錯誤的反應。但我們也得學會保護自己，一旦在對方身上看到某些偏離「基準線」的行為反應，就要多留心。

掏槍前，先確認是敵是友

什麼是基準線？簡單的說，就是經常出現的狀態。每一個人因為成長環境不同，會發展出一套屬於自己的行為訊號，除了七種表情之外，目前人類學家還沒找到一種行為是放諸四海皆準，每個人做這個動作都具備相同的意義。即便是意識控制不到的心跳、脈搏、膚電反應，仍然得和當事人的情況做比較，不能用絕對值來判定他是否說謊。這也是為何測謊的結果，不能做為一個是否犯法的直接證據，法官只能拿測謊數據作為輔證。

雖然沒有所謂的「行爲辭典」，一條一目的規範每個動作的意思，但我們都有習慣，也就是「標準行爲」（norm behavior）。即在一般情況下，你是怎麼說話、怎麼翹腳、呼吸的節奏、有沒有偏頭、走路的速度、手勢的運用……等，都有一套穩定的表現方式，你是如此，別人也是如此。如此大腦才能把資源拿來做更重要的事情，不需要隨時關注左手在做什麼，多久要呼吸一次。因此，多加留意，你就能找出眼前這個人的「基準線」，作爲你判讀的起點。

不過，在判讀別人的行爲前，你得先記得三個原則：

1. 觀察連續動作：

一個人把手伸出去，可能是要表達友好，跟你握手；也可能是準備拿東西；甚或拿武器預備攻擊。你不能只看一個切面，就論斷對方的意圖。你需要花一點時間觀察對方在一般狀況下，經常出現的反應爲何，接著才能判定這個訊號是否有特殊意義。

舉例來說，搔頭通常代表不好意思或不知所措。但我曾觀察某位朋友，每次公開演講時，不論台下的觀眾問什麼問題，只是打趣或略帶攻擊性，他都會習慣性搔頭，把手指頭伸進頭髮中。那麼，這個動作對他來說，就不是那麼典型的壓力反應。

但假如是同一個人，搔完頭後，忽然臉色泛紅，說話從流暢變得結巴，呼吸速度也不一樣，這就表示他的基準線改變了，目前討論的事情，讓他覺得有壓力。

2.基準線出現變化：

而基準線的改變也有三個重要時機：

(A)出現先前沒有觀察到的行爲：就像剛剛的那位朋友，不僅搔頭還開始結巴。

(B)先前可見的行爲突然消失：如果他面對群眾大多能侃侃而談，搔頭已經是他回答問題的起手式。卻在某一次演講中，從頭到尾都沒有出現搔頭的反應，可以合理的推論這次的主題，對他而言，具有不一樣的意義。但究竟是何種意義？偏向正面還是負面？就必須透過很多問題才能了解。

(C)先前可見的行爲突然變化：指的是程度或強度的差異。假使他先前只搔兩秒就停止，今天卻搔得特別久，遲遲沒有把手放下來，也符合基準線改變的原則。

當你發現對方在互動中，出現上述三者其中一項，你可以先把重要線索記下來。

等到後面討論到〈問——獲得關鍵訊息的巧妙提問〉一章時，你可以搭配問句，技巧地核對你的假設。

3.考慮情境因素：

無論你多有把握，對眼前的人有多熟悉，都不能忘記環境因素也會讓一個人的行爲改變。舉例來說，通常人在壓力下，因爲腎上腺素分泌旺盛，比較容易口渴。然而，天氣太熱，同樣也會讓人想大量喝水。不能把喝水當成是心虛的典型反應。

切記，行爲解讀不能單靠一、兩個訊號就下斷論，否則「防衛」不僅會出現在溝通對象身上。對於對方而言，你的武斷與輕率，也會讓他覺得你拒絕溝通，目的不是解決問題，而是故意找碴。

〈望〉表情與情緒

在高難度對話中，通常要判讀對方的想法，都會從表情開始。因爲我們在交談時，大部分的時間會看著對方的臉，偶爾才會將眼神移開，做全面性的掃視。因此，如果你懂得判讀對方臉上的訊號，就不會覺得每次遇到衝突情境，都像瞎子摸象，不知該如何擺放目前所得到的訊息，能夠有一個交叉核對的支點。

特別是對方出現：驚訝、悲傷、輕蔑、眼神有明顯的變化時，你就需要多留意對方同時是怎麼陳述的，用字遣詞有什麼特殊之處？把在〈望〉所得到的訊號，搭配下一章的〈聞〉，若對方有心欺瞞，是有跡可循的。

1. 驚訝

舉例來說，假如你是一名面試官，你需要爲公司挑選最適合的人才，此人不管專業性或穩定性都要高，因爲公司栽培一名員工需要花許多資源。而你也知道在面試時，每一名面試者一定只會說自己的優點，避重就輕。直接問面試者肯不肯加班？實務經驗夠不夠？對方鐵定會回答：肯、經驗很豐富。但錄取之後，才發現此人外務很多，常常請假，且毫無專業可言。此時，要請他離開就不是一件容易的事，畢竟請神容易，送神難。

像這一類型的高難度對話，不僅所提問的問題需要經過設計，更重要的是，必須格外留意面試者第一時間的表情。假使面試者宣稱編寫程式有多年經驗，參與過許多大型專案，這時，你可以從中找尋你熟悉的部分，再深入詢問，看看對方的反應。或不經意地詢問對方：某個行內人才懂的術語，或是某位業界知名人物的作品或事蹟。

重點來了，等你問完後，不是聽對方怎麼說，而是看對方臉上有沒有驚訝的表情。

在溝通中，當我們不預期對方會知道某些事，或是我們詢問某件事（例如，聊八卦）時，就會出現短暫的驚訝，表示我們對這件事毫無所知或預料之外。因此，當一個人信誓旦旦說自己有多厲害，卻不知道某個小環節，你可以合理的懷疑，他說的話並不爲眞。

或者，你向主管爭取加薪，主管卻覺得你對公司沒有忠誠度，常常不知道在幹什麼，你聽了之後有點生氣，隨口說了自己的某個狀況，例如：爲了專案已經一個月沒休假……。此時，主管卻出現驚訝的表情，很可能他眞的不知道此事，而你卻以爲他知情，你以這個前提做爲你行事標準，覺得只要夠努力，主管就會看見，因此從不主

驚訝的表情有三個觀察點：

- 眉毛上抬（有些人的額頭會出現抬頭紋）
- 眼睛睜大（上下眼瞼都撐開）
- 有時會把嘴巴打開（附近的肌肉是放鬆的）

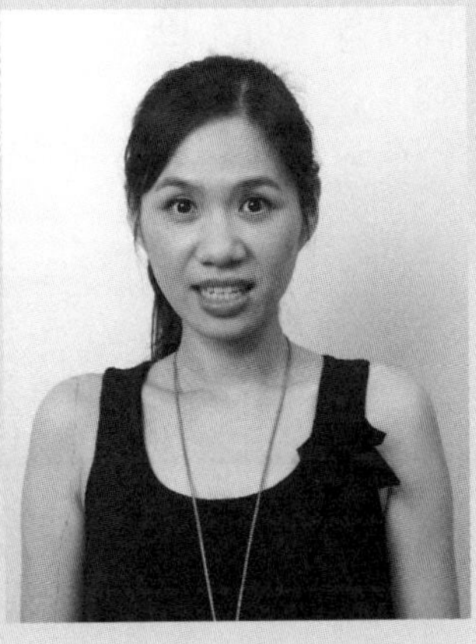

動報告自己的動向、工作進度。於是，你們之間的理解有了落差，立場就容易對立。其實，你需要提供更多資料，讓對方更了解你。

還有一種情況也經常出現在高難度對話中。在親密關係中，我們常常以爲對方知道自己的想法，直到吵架時，可能會說：「難道你不知道我不喜歡看棒球，我是爲了陪你才逼自己坐在電視機前，浪費時間。」這時，如果你看見對方臉上有驚訝的表情，請別再苛責你的伴侶，他有很高的機率是眞的不知情。請你花一點時間好好地告訴對方，怎麼樣的互動才是你期待的？別預設對方就是不配合或對感情不用心。

※當心過久的驚訝

不過，眞正的驚訝，停留的時間非常短暫，很快就會轉爲快樂、悲傷、憤怒、恐懼等其他情緒。也就是說，驚訝是你的大腦還沒來得及判斷，用來「過場」的反應。

既然是過場，如果你觀察到眼前的人，驚訝的時間超過一秒鐘，代表他是刻意做出來的，爲了確認你會發現，所以拉長時間，因此就變得不自然了。**過久的驚訝往往是一個重要訊號，能夠幫助你發現眼前的事無法搬上檯面討論，或是不能說的祕密。**

容萱聽到風聲，玉鳳要被大老闆拔擢，接管整個部門。容萱常和玉鳳相約吃飯，卻從沒聽過她談到晉升的事，心裡一直覺得疑惑。有一天在茶水間，趁著四下無人，容萱壓低聲音問玉鳳：「聽說老董要升妳當經理耶！」

「咦，眞的嗎？」玉鳳臉上出現明顯的驚訝，眼睛瞪的又大又圓，嘴巴還刻意張開。此時，如果容萱有足夠的敏感度，會發現玉鳳的驚訝時間有點久、不自然。身爲好同事的她，若能在這裡踩煞車，明白玉鳳其實已經知情，但因爲諸多考量，不能先透露，體貼她的難言之隱，不再繼續追問。等人事公告正式宣布，再向玉鳳討人情或趁機開玩笑，表達自己早已知道此事，反而更能突顯容萱的成熟。

真正的驚訝往往一閃而逝，接著會「過場」到其他情緒。如果你在溝通情境中，捕捉到過久的驚訝，你可以問問自己，爲何對方需要表現驚訝？他希望藉此得到什麼好處？或擔心什麼？別一路殺進去，繞個彎，反而能夠得到更多訊息。

2.悲傷

在高難度對話中，常常會有一種狀況是「我不殺伯仁，伯仁因我而死」。白話文的意思是，你和談判對手各自爲自己的老闆工作，不巧，這次對方負責的業務是你多年的好友，或是在商場上經常合作的夥伴。不論你和對手的私交多深，你必須把個人情感放在一旁，完成任務，甚至運用一些技巧誤導對方，簽下合約。即使你不認同公司的決策，但因爲你代表公司，所以必須堅持某個條件或立場。然而，你心裡知道這麼做會讓對方損失很大。

悲傷的表情有三個觀察點：

- 眉毛向內、向上抬。有個類似馬蹄紋的形狀
- 嘴角下垂
- 會出現明顯的下巴頭

照片來源：pixabay

雖然你在理智上，清楚這麼做是因爲工作，可是你心裡還是會有愧疚感，覺得對對方有責任。於是在談話過程中，你很容易出現一閃而逝的悲傷表情。

值得一提的是，**悲傷是人類共同的七種表情中，最需要時間醞釀、很難偽裝的一種情緒**。如果你不是眞的很難過，基本上除非經過特殊訓練，很難用意志控制額頭的肌肉擠出馬蹄紋。所以一旦出現，可信度非常高。

也就是說，在高難度對話中，如果溝通從一開始的緊綳，慢慢達成共識，雙方都準備鳴金收兵，待會議結束後一起去慶功，你卻在對方臉上看不見任何喜悅，反而看到略微悲傷的表情。那麼，你可能需要多留心剛剛談定的共識中，有沒有哪些地方是你覺得不妥，需要重新思考的環節。

※噘嘴

還有一個表情和悲傷很像，但情緒強度較輕微，即噘嘴。眉毛的訊號不多，只出現下巴頭。意味著對方覺得有錯、尷尬的情緒，你也可以多想想是什麼讓他有這種表情？

或者，當子女或部屬犯了錯，在你討論或訓誡的過程中，他開始有噘嘴的反應，也能合理推論他已經知道錯了，你只要提醒或警告一下就好，別再一路殺進去。下手過猛，反而會有反效果。

《案例分析》

https://goo.gl/AZebxD

美國前總統柯林頓和白宮實習生呂文斯基爆出性醜聞時，面對獨立檢察官和媒體的窮追猛打，他多次在公開場合留下噘嘴、若有所思的樣子。果然，日後柯林頓坦承發生過婚外情。

http://goo.gl/0TrbA5

希臘總理齊普拉斯在一次媒體專訪上，表示如果希臘接受紓困，他就下台時（他先前以反撙節為號召，當選總理），臉上出現一閃而逝的犯錯、尷尬的表情。

3. 輕蔑

接下來要介紹的表情，就需要你更小心了。在危險人物的研究中，我們發現專業騙徒的大腦，處理情感區塊的功能非常不活化，以至於他們對人是沒有同理心的。他們對於傷害別人不僅沒有愧疚感，在得手的那一刻，反而覺得很開心，認爲自己比被害人還優越。許多駭人聽聞的社會案件，在破案後，犯人常會在鏡頭前或法庭上，露出似笑非笑的輕蔑表情，表現出一種得逞的快感。因此，提高對輕蔑表情的敏感度，可說是一種護身符，幫助自己早點遠離危險人物。其明顯的特徵有：

- 某一側的嘴角上揚，另一邊不動（只有單側的臉部表情）。
- 和上揚嘴角同一側的眼睛，微微瞇起。

輕蔑的▶表情

簡單的說，當你看到對方的笑容，突然變得很不對稱，這時候你要保持警覺。因爲他正自鳴得意，可能心中正竊笑著，覺得你根本不是對手。此外，冷笑（似笑非笑）、撇嘴，都帶著一種高人一等的心態，假使出現在高難度對話中，**除了合理懷疑對方是否欺騙你之外，對方是否真正有誠意跟你坐下來討論，也值得商榷**。

《案例分析》

這張照片是國際知名的連續殺人兇手：

http://goo.gl/UMfZ19

八〇年代美國西岸惡名昭彰的連環殺人魔，理查德・拉米雷茲。

※抿嘴

還有一個跟嘴巴有關的表情，就是抿嘴。你可以把抿嘴解釋成「吃掉自己的嘴唇」，是一種壓抑反應。可能是壓抑情緒或表達，例如他對於你說的話不認同，但礙於情面不好意思表現出來，就會抿嘴伴隨眉毛下壓，彷彿壓抑自己的憤怒。或他知道眞相，但不能告訴你，又怕自己說溜嘴，也會出現壓縮嘴唇，試圖隱瞞的訊息。

暢銷書作家九把刀，在緋聞事件爆發後，第一時間的記者會上，開場短短三十秒鐘的訪問片段，他出現多達六次的抿嘴動作。對照他的處境，是明顯的壓抑反應。

抿嘴的表情

4. 眼神

接著，我們來談談眼睛。有些人認爲說謊者不敢直視對方的眼睛，其實這是一個錯誤的迷思。當你這麼想時，對方更容易反向操作，只要直瞪著你，就能取得你的信任。或者還有一派說法是，眼神往上走是回憶，往下是和對自己對話，平行移動是在編造。但這也得回到對方的基準線做判斷，有些人習慣思考時看著地面，那麼就不適用這套說法。

因此，不管是眨眼的速度，或是眼神的方向，都要看前後的脈絡。如果一個平常眨眼速度很快的人，忽然間不眨眼了，反而是值得觀察的熱點。同樣的，當一個人習慣抬頭思考，你問了他一個很簡單的回憶性問題，他卻支吾半天，看著地板才說出答案，請你別太快相信，再多詢問一些細節比較保險。

〈望〉安撫反應

談完了表情，我們來談談肢體動作。在高難度對話中，由於情緒張力較大，人在緊張時，通常會下意識地東摸西摸，希望藉由自我碰觸來讓自己好過一點。因此，在過程中，如果你看到對方不斷地重複某個行爲或動作，都算是一種「安撫反應」，例如：摳手、抱胸、手插口袋、搓手、發出聲音（清喉嚨、彈指、按壓原子筆……等）、抱著抱枕等等。

基本上，在衝突中會覺得焦慮是正常的。但如果你發現對方說的話很

肯定、拍胸膛保證自己能承諾許多條件，或義正嚴詞地表示自己有多麼生氣，可是你卻看到他身上不斷地出現安撫行爲，你就可以把對方說的話先括弧起來，他可能沒有自己以爲的那麼厲害或不在乎。

http://goo.gl/i4ezzD

2012年英國女皇出席倫敦奧運會開幕式時在摳手。

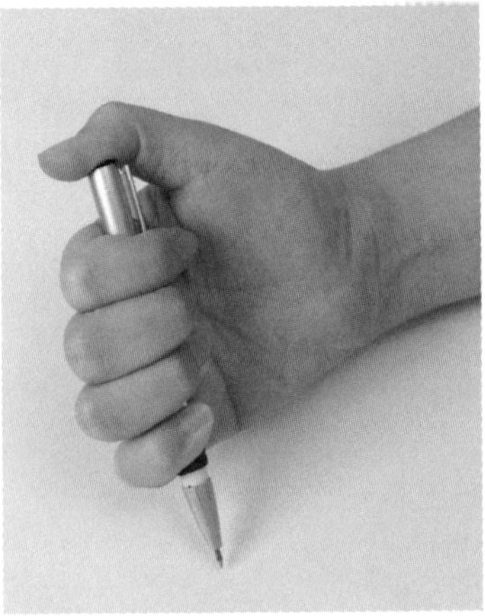

按壓原子筆是一種安撫反應

〈望〉抗拒反應

最後，在高難度對話中，最怕的是明明對方已經不高興，我們依舊自顧自地說不停，完全不理會對方的感受。直到最後，對方忍無可忍，直接翻臉走人，關係一旦破裂，就很難修補。

因此，當你發現對方出現抗拒反應，即各種形式的阻隔，可能是把身體距離拉遠、用手遮住嘴巴、抵著額頭、擋住眼睛的視線、把手放在桌子底下、用東西隔在你們之間……等等，都代表對方對於眼前的事物有所防衛、不認同或覺得困擾，需要你花更多力氣卸下心防，或先安撫對方

會議進行中，手放在桌子下，甚至身體遠離會議桌，都是抗拒反應，需要花心力卸下心防，再繼續討論。

的情緒後，再繼續談話。

另一種抗拒反應，需要你多留意了，那就是「不一致訊號」。我喜歡說這是一種「自己和自己的戰爭」，對方心中知道真正的事實，但他抗拒讓你知道，就會出現不一致的落差，例如：嘴巴說好，可是第一個反應卻是搖頭、回答的太快或太慢（偏離他本來的基準線）、不自主的聳肩（人們對於自己說的話不太肯定時，通常會下意識的聳肩，一邊或兩邊都算）等等。

同樣的，當你發現後，別急著反應，先放在心上，繼續找尋在〈聞〉中可能的相關線索，並搭配好的問句，才有可能突破對方的防備，聽到實話。

手槍指透露對話題有疑慮或保留。

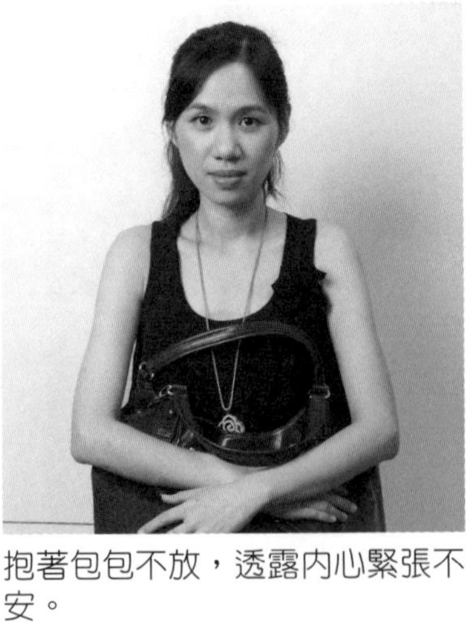

抱著包包不放，透露內心緊張不安。

營造安全的環境

懂得觀察並理解對方的肢體訊號後，別忘了**你自己的呈現就像一面鏡子，你投影什麼，對方也會同樣的回映給你**。

因此，在談話過程中，讓自己保持適當的眼神接觸，不要四處游移，給人一種不確定感。溫和但堅定地看著對方，讓對方覺得你是一個值得信賴的人，不僅可以緩和衝突，也能夠暗示對方開誠布公的談話，是對彼此最有利的作法。

此外，請將身體正面向著對方，讓對方覺得被尊重、在乎，不會一個不小心，話沒說好，就誤以爲你不耐煩。假使你們之間隔著會議桌或餐桌，最好讓對方看得到你的手。因爲自古以來，手是拿武器、工具的部位，人們在面對不熟悉、不確定的事物時，會本能地藏起雙手，爲可能的危險預做準備，這是演化所保留的生存本能。也就是說，如果你想要展現友好，表示自己沒有攻擊性，建議你把雙手露出來，別人比較容易對你產生信賴，這道理和人們一見面就握手是一樣的。

切記，緊張時就透過呼吸讓自己緩和下來，別出現太多阻隔或安撫行爲，這樣會讓對方跟著你一起焦慮、害怕，心情沒處理好，事情就不容易談。總之，盡可能在談話中增加確定感，有助於你得到更多訊息，進而做出正確的反應和決定。

小結

透過「望」，當你開始看懂表情與行爲所代表的情緒訊號後，**掌握那些偏離基準線的重要線索，找出在高難度對話中的施力點，小心自己的呈現，減少引起對方防衛反應的行為**，你就能夠在衝突中，率先取下重要的橋頭堡。

我的學生諾華，就是靠著觀察一支鉛筆，順利讓各持己見的部門達成共識，漂亮達陣。諾華是一間科技公司的中高階主管。參加冗長的會議，對他來說是家常便飯。會議上，行政部、業務部、法務部，各部門的主管常爲了新的業務提案吵翻天，大家都想讓自己的部門好做事，講話很大聲，底線踩得很緊。

儘管諾華的EQ非常好，思慮邏輯縝密、口條表達也很清晰，但在高難度對話中，他常常感到疑惑，究竟何時該緊咬不放，何時要輕輕帶過，「時機」的拿捏是他最想修練的環節。課程結束後一個月，諾華興奮地告訴我，他靠著觀察一支筆，安撫了脾氣火爆的法務主管，成功搞定新的業務提案。

「老師，以前我只會注意對方講了什麼，試著找出不合邏輯的地方去反駁。但這一次，我先抓出對方的基準線。」

諾華在好幾次會議中，發現這位法務主管的行爲基準線：開會時，他習慣帶著一大本行事曆，還有一支2B鉛筆。輪到他開口發言前，他會下意識地攤開筆記本，接著拿起鉛筆比劃。

「老師，我發現每當法務長不高興或不認同的時候，鉛筆的筆尖會朝外，指著其他人，好像在罵人。如果鉛筆筆尖朝著自己，他就只是單純在表達意見，那時候的情緒也比較緩和。」這位學生觀察出法務主管的行爲基準線。

有一次，諾華發現大家又爲了一個議題爭執不下，法務長正高談闊論，表達對這個提案的質疑，同時筆尖開始朝外比劃，諾華停下來，用緩和的語氣問這位主管：

「法務長，你是不是覺得業務部的提案強人所難？」

「對啊！這樣法務部很難辦事，可能會觸法，不能這樣啦……」

聽到有人竟然能說中他的心情，這位法務主管開始滔滔不絕，宣洩情緒。諾華繼續觀察法務長揮動的筆，但這回，筆尖朝向自己，行事曆也不知何時被闔上了。根據基準線變化的判斷，諾華知道，這位法務長的心情開始平靜了，不再那麼劍拔弩張。他趁這個時候，提出建議，怎麼樣可以讓新產品上市，又不會有侵權的疑慮。最後順利引導各個部門達成初步共識，讓老闆刮目相看。

在高難度對話中，透過「望」的輔助，你可以看出沒有說出口，卻十分重要的行為訊號。當你看懂後，接下來將繼續帶你了解，如何「聞」出重要訊息。

Chapter 2

聞——所未聞，藏在聲音裡的祕密

緊接著，我們進入一般人在溝通中最熟悉的一環——「口語表達」。也就是在衝突中，我們經常會問自己或當事人的一句話「他說了什麼」或「他怎麼說」。傳統的智性教育，非常著重「語文表達和理解」，並假定一個人若經過良好的訓練，就能用文字精準地表達出眞正的意思。但眞的是這樣嗎？

不論是演化上的設定或科學實證，再再都已經確認「語言的有限性」。也就是說，**文字的使用是有局限的，有太多事情是超越語言可以描述的，特別是感官訊息和感受層次**。直接來進行一項實驗，假設現在有一朵玫瑰花在你面前，你聞了一下後，請用文字描述玫瑰的香味。你很可能說不到二十個字就覺得詞窮了，但我仍然無法體會你所聞到的氣味，直到我親自聞到同一朵花，我們的訊息才有可能相同，否則都在用自己以爲的方式在理解對方。

換句話說，如果你在衝突時，一直只停留在表面的訊息，爭論對錯，很有可能只會在錯誤的地方打轉，忽略了其他更重要的訊號。就像一則笑話，一對還在曖昧狀態的男女，一起到公園看星星，男生突然問女生：「冷不冷？」

女生以爲男生想要有更進一步的肢體接觸，心裡很期待，可是嘴上仍要裝一下矜持，就用嬌嗔的語氣說：「不冷。」

沒想到，男生竟然接口說：「既然妳不冷，那妳的圍巾可不可以借我？」

女生氣得大罵：「木頭！」起身，跺腳，然後走人。

留下一臉錯愕的男生，不知道自己犯了什麼錯。

如果只是分析他們說話的「意思」，你一定覺得這男生的回應沒有問題。但麻煩的是，他沒有聽懂女生說話的「意圖」，女生說話的語氣、音調、速度、回應的節奏和結構……等，都會影響到她眞實的想法。

這也是爲何同一句話，由不同的人來說，感受和效果會落差這麼大。媽媽問：「怎麼這麼晚回家？」你會當成壓力；但如果是好朋友說同一句話，你會覺得是關心。所以，不管是衝突或是一般情境的溝通，**「意圖」往往比「意思」更重要**。

而意圖該怎麼辨別？這就需要你多留心觀察對方說話時，在音調、語速、停頓點、表達模式中的基準線變化。特別是你所聽到的答案，似乎有些「偏離主題」，或你跟某個人互動結束後，你一直覺得怪怪的、手足無措，擔心接下來會發生什麼事，以及你眞的非常喜歡某人時，都需要格外留意。

音調——情緒的探針

我們平時說話有一定的音調，講開心的事情時，聲音會比較高亢一點，講悄悄話或是難過的事情時，就會變得低沉。音調的高低會影響我們知覺一個人的情緒好壞，也會形塑我們對一個人性格的印象。

音調略高的人，會讓人覺得是吊著嗓子說話，很容易引起溝通對象的緊張；反之，音調略低的人，會讓人覺得是壓著喉嚨說話，給人一種語帶保留、有所顧忌、遲疑的感受。

大部分的情況，音調都可視爲是一種背景，反映對方說話的習慣。但在高難度對話中，如果你發現對方的音調開始偏離基準線，有提高的傾向，意味著他的情緒變得比較激動，可能是興奮或憤怒。相反的，若有明顯壓低，代表對方心裡正覺得犯錯或羞愧，或是企圖利用交換訊息來進行控制（例如，聊八卦）。

美華有一對五歲的雙胞胎女兒，生性活潑好動。有一次，她回家發現水族箱裡的魚通通被撈出來，奄奄一息。她把兩個女兒都叫到面前，用嚴肅的口吻問：「這是誰做的？」

兩個女兒紛紛異口同聲說：「不是我。」只是平常總是大嗓門的妹妹，說話語氣突然變得退縮、音調低沉。

美華猜測兇手正是妹妹，便蹲下來刻意凝視妹妹的雙眼，繼續說：「妳知道小魚兒沒有水，就像妳找不到媽媽，會難過得無法呼吸，可能會死翹翹。」

妹妹這才驚覺自己犯了錯：「我只是怕他們待在水裡太無聊，以爲他們想出來玩，應該會很開心。」

「所以，是妳把他們撈出來的囉！」妹妹毫無反抗地承認了，省去媽媽破口大罵的情節。更重要的是，兩姊妹最後都學到一堂生物課，了解魚類是靠水存活，離開了水，他們就活不下去，兩姊妹答應以後會幫忙換水。

回應的速度——思考的碼表

一個人無法一邊開口說話，一邊吸氣換檔。我們所說的每一個字都在吐氣，消耗我們的身體資源，直到我們停下來，才有可能好好吸氣，再次補充能量。

也就是說，**當你在說話時，你的注意力是向外擴散的，很難同步進行思考，必須透過片刻停歇，才能將思緒整理清楚**。不信的話，你可以試試看一邊說昨天晚餐的內容，一邊算三位數的開根號，大腦絕對會打架。你必須陳述完食物後，稍作喘息，才能說出答案。因此，在談話過程中，說話停頓點出現的頻率與速度，可以約略反應出當事人認知運作的狀況。

所以，當你發現對方回應的速度，比他平時的基準線還快，很有可能他所說的答案，老早就已經編好了說法；或是他事前已經想過可能被質疑的漏洞，搭著你的問題，他就有機會澄清。反之，回應的速度相較於基準線太慢，有很大的機率是他正在絞盡腦汁，掰一個理由給你。

美文是一間網路購物公司的資深業務經理，公司爲了擴大營運，想承租更大的倉庫。美文在房仲王先生的協助下，看上了合適的地點。

王先生一邊解釋屋況，一邊連珠炮似地保證：「這間開價五萬，眞的很便宜啦。妳看喔，這條路上的商辦，平均一坪都要一千五以上，可是這間一坪算下來大概一千一，很划算啦！」

美文事先有做過功課，知道王先生說的確實是行情價，不過，既然這個地點已經空屋五個多月，表示房仲和房東有時間壓力，可能急著出租。於是，美文決定試探底線，她開出房租四萬五，至少租五年的條件，請王先生替她斡旋。

王先生離開時，面有難色，不斷地說：「我只能盡量試試看啦。」不久，王先生來電，電話一接通，他劈哩啪啦就是一長串：

「黃小姐，是這樣啦，妳開的價格跟行情差太多，如果都不給房東調漲租金的空間，眞的很不好談……房東說，第一年四萬五，之後每年調漲一千，第五年剛好五萬，這樣比較可能啦！」

美文不放棄，又問：「那如果前三年四萬五，後兩年四萬六呢？」

美文仔細聽著，電話那頭傳來短短幾秒的沉默，接著，她聽見王先生說：「蛤？呃……這樣啊，這樣的話，可能……還要跟房東再商量一下……我問問看，再跟妳回報。」

「成了！準備換倉庫吧！」掛斷電話後，美文對著身旁的同事握拳喊YES，同事都很好奇，她哪來的把握，王先生不是說還要回去跟房東討論嗎？

美文掌握的，正是「聞」的基礎線變化。房仲先生多數時候語速很快，而且習慣用「說服式」句型，但他在聽到美文最新的開價後，語速變緩，同時少了原先的緊繃感。美文因此判斷，這樣的開價絕對談得成。果然，王先生掛斷電話後，很快地回報，房東答應了！美文順利以低於行情的價格，租到新倉庫。

許多高難度對話，涉及龐大的利益籌碼，檯面上無法明說的，很多時候只能靠著個人的敏感度或經驗值，反覆推敲揣摩。一旦你學會「聞」的技術，就能「聽出」並「聽懂」關鍵細節或情緒轉折，難題往往可以迎刃而解。

表述模式——分辨真實與虛假

面對高難度對話，最理想的情況當然是雙方坦誠不諱，清楚明白的表達自己的想法和立場，盡可能讓資訊透明，找出彼此都能接受的作法。假使眞的無法達成共識，好聚好散也不失圓滿。

有時候，衝突之所以讓人難過，不是因爲期待落空、關係破裂，而是我們覺得自己的善意被操控了，悔恨自己如此信任一個人，換來的卻是傷害，那會讓我們對未來失去信心。尤其是那些傷你最深的人，往往都是親近的家人或朋友，因爲夠近，才知道傷在哪裡最痛。

然而，傷害並非無可避免。如果你對謊言或不眞的訊息有所了解，或者你回想上一次撒謊的經驗，你就知道所有說謊或企圖誤導的人，他們念茲在茲的就是「眞實」。他必須隨時牢記眞正的事實，才能跟自己說的話做比對。也就是說，只要你會聽，虛假一定會顯露在對方說的話裡。

你得格外注意的表述模式有三種，分別是：模糊的用詞、說服而非傳達、迴避的

敘述。

模糊的用詞

你可以試想一下，當朋友問你只去過一次的公園和你家附近的學校該怎麼走，你的回答有什麼差別？我們對於陌生的事物，因爲資料和記憶有限，大多只能籠統、概略的表達；但對於熟悉的事物，卻能夠用很多種角度陳述，你可以馬上回答朋友，開車路線、步行路線及大眾運輸系統路線等三種不同的方法。

對於刻意誤導你的人來說，他所說的話若不爲眞，會下意識的想要轉移焦點，避免你問太多。因爲相對於眞實，謊言才是他不熟悉的內容。

1.不合常理的情緒感受

特別是負面或消極的態度，通常會引起不必要的關注，因此誤導者會盡可能避免。舉例來說，同事走進辦公室，你隨口問他：「最近還好嗎？」

一個回：「很好啊！老樣子。」

另一個回：「很糟，我昨天根本沒睡。」

你覺得哪一種回答，你會繼續追問下去？不管是因爲出自於禮貌、社交需要，還是天生的關懷，人會對不好的事物更敏感。因此，當你發現明明現況不好，但對方的回答卻超乎常理的美好或順利，請啓動心中的警鈴，留意他爲何不希望你繼續追問下去。

再舉一個例子。七月艷陽高照，你的另一半在日正當中時，說要去運動，回家後，你問他：「這種天氣騎腳踏車，汗一定是用噴的，又沒有風，很難受吧！」

他卻回：「不會啊！騎順了，就涼了。」

但明明溫度計上顯示攝氏三十七度的高溫，而且連續運動三個小時，帶出去的水竟沒喝完，你覺得合理嗎？

歷史上，許多著名的國際詐騙案，主導者通常不會給人一種憂鬱、失志的印象，相反地會給人一種充滿希望、熱情陽光的形象，這樣你才願意相信並跟隨對方所編織的美麗藍圖。就像二〇〇八年，隨著次貸和金融風暴，馬多夫（Madoff）精心設計多年的龐式騙局才曝光，造成許多大型金融機構應聲倒閉。在此之前，馬多夫在慈善圈是出了名的樂善好施，常以公益號召許多聚會，輕易獲得許多熱心公益的富商的信任。而多年經營的好名聲，也使得美國證券交易委員會，從來沒有仔細檢查馬多夫開設的投資證券公司的業務。可見得操弄人們對美好事物的喜好，其力量是很強大的。

同樣的，很多直銷或多層次傳銷的組織，不論其產品賣的是旅行、金融、生活用品或保養品，領導者也會教育下線要積極樂觀，正面思考，別花力氣在討論失敗或障礙上，這樣才能控制夥伴的思考，不讓他們有機會探討更深入的問題或矛盾。

2.細節太多、太少或太一致

同一個邏輯，當對方的回應太多或太少（和基準線相比），也可能是對方正企圖模糊或轉移你的焦點。而太過一致的回應（每一次的答案都相同），則是給你設定好的說辭，假使是眞實的內容，或多或少會有變化。

有一次，因爲裝潢新家需要安裝冷氣，我找了兩個廠商。第一個廠商到現場，丈量尺寸，勘查現場後，開始跟我叨念施工有多困難，得追加多少管線和冷媒，師傅得爬出窗外有多危險，一堆專業術語要我買更高規格的機型，冷房效果才會好。談完後，我滿腦子都是資料，頭昏腦脹。廠商臨走前，還不忘督促我趕快決定，不然冷氣師傅的檔期很滿，得排很久，到時候夏天都過了，冷氣還沒裝。

當時，把他送走後，我第一個疑惑是：裝個冷氣有這麼困難嗎？

隔兩天，第二個廠商來了，安靜的拿著捲尺，四處敲敲打打，確認是否要鑽洞，不到半小時，他就給我報價單，價格是第一個廠商的一半，不需要購買一堆額外的器材。我很吃驚地問：「壓縮機和室內機的距離這麼遠，不用再加冷媒嗎？」

他笑笑的說：「以前的機型可能要，但新型的壓縮機和管線都有改良，不用太多冷媒，也比較環保。」回答乾淨俐落，一點毛邊也沒有。

兩相對照下，我赫然發現第一個廠商雖然冷氣本身的單價不高，但他企圖用一堆細節，轉移我對機型的詢問，然後把費用追加在耗材上。反而，第二個廠商，報價單上簡單兩條，明確寫出品牌和規格，以及施工費用，除了必要的說明，有問才答，不會一直占據我的時間，不讓我思考。

最後，我當然選擇第二家廠商，安裝的速度快又好，完全沒有發生第一個廠商說的特殊情況。

3. 刻意拉出距離：時間的疏離、主詞的疏離

另一種常見的模糊用詞，就是運用「代名詞」或「過去式」創造疏離感，一來可以降低誤導者的罪惡感；二來，刻意不說清楚，讓人自行對號入座，也能夠達到操弄的目的。

※時間的疏離：使用「過去式」而非「現代式」

✓我怎麼會賣不出去，我**以前**可是top sales**↓**我**這個月**業績是全國第一名。

✓我當然愛你，像**第一天**遇見你一樣。**↓**我**一直**都愛著你。

※主詞的疏離

✓我沒有跟**那個女人**發生性關係（美國前總統柯林頓，在性醜聞爆發時，面對記者的回答）**↓**我沒有跟**呂文斯基**發生性關係。

✓**這個行業**加班應酬是正常的。**↓我們公司**加班應酬是正常的。

我們實際來看一個國際案例。同樣是使用代名詞，不同的用法所代表的心理距離也不相同。

第七屆環法自由賽車冠軍阿姆斯壯，二〇〇五年爆發服用禁藥醜聞，一開始他矢口否認。事隔八年後，他終於坦承自己的確有用藥。但二〇〇五年醜聞爆發時，他接受美國名嘴賴瑞金先生的訪問，矢口否認。看看阿姆斯壯當時的「表述模式」，哪裡有玄機：

「你知道的，一個在法國、巴黎實驗室工作的傢伙，打開了你的樣本進行測試……，沒有人在那裡監看，沒有按照任何規定流程。然後你就這樣接到了報社的電話，說我們發現你有六次的EPO禁藥報告呈現陽性。」

二〇一三年，阿姆斯壯接受另一位美國名嘴歐普拉女士的訪問，這次他承認的確有服用禁藥。看看這次阿姆斯壯的表述模式，跟八年前有什麼不一樣：

「我在這一切迷失了自己。我知道其他人可能無法面對這些壓力，我自己就無法面對這樣的壓力。過去，我習慣掌控人生中的大小事，我掌控人生中所有的結果。」

注意到了嗎？二〇〇五年的訪談，阿姆斯壯很少說到「我」，反而用「你的樣本」、「你接到了報社的電話」，用「你」代表自己，彷彿是第三者，敘說一個和自己全然不相干的事情。相較之下，二〇一三年的訪談，他坦承服用禁藥的自白，光是「我」這個代名詞出現的次數，就比二〇〇五年那次的訪談，增加了75%。

遇到這一類的回答，請記得還原眞實，用此時此地的訊息，再重新確認一次，不要讓對方有機會打糊塗仗。

說服而非傳達

你一定聽過愈自卑的人，愈會刻意端個架子，要別人崇拜或敬畏他的說法。相反地，眞正有信心的人，行事低調、不愛擺譜。同樣地，在高難度對話中，假如你發現對方並非單就事實傳達訊息，而是試圖用各種話術說服你，很有可能他並沒有自己講的那麼好或沒問題。最常見的形式有以下五種：

1.品格證詞

最典型的「沒有回答問題」，而是透過其他人的光環或名譽來替自己脫罪，或塑造自己的無辜。經典的說法包括：「拜託，我是基督徒/我學佛（或任何一種宗教），怎麼可能會做這種事。」「我有博士學位，怎麼會偷東西。」「我爸是警察，我怎麼可能騙人。」等等。

仔細分析這些理由，宗教、學歷、家人、職業都不等於一個人不會犯錯，但我們常常會被一些偏見誤導。心理學稱之爲「月暈效用」，就像我們覺得功課好的孩子，等於乖小孩。但其實功課好，只代表會念書，不等於品性優秀。

你若留意新聞報導，這種例子更是層出不窮。先前曾經有一個知名魔術師，以長相斯文帥氣爲賣點，吸引不少女學員跟他學魔術。沒多久，他卻被控強吻襲胸女大生，女生不甘受辱報警處理。結果這位斯文的魔術師，被記者追問是否有騷擾女學生時，他竟然這麼回答：「我躺著也中槍，跟我相處過的朋友都知道，我是一個很Nice的人。但新聞報導後，我的朋友都打電話給我，也用Line問我，怎麼會發生這種事？他們都不相信我會做這種事。」

進一步分析此人的語意，他企圖用朋友來轉移焦點，彷彿在說一個有朋友的人，就不會犯錯或對女性有不良意圖。以及他的朋友不相信他會騷擾人，等於法官也會認同他是無辜的。

所以下一次，你在談話中，發現對方開始搬出許多頭銜或來歷，想要說服你聽他的話，千萬記得，那些光環只能代表他「曾經」做過的事，不等於保證他「現在或未來」同樣有效力。

2.玩弄定義

在很多笑話中，都可以發現透過玩弄定義，誤導人們的思考方向，讓人會心一笑。例如：我不是胖➞我只是骨架大，或我只是比較容易被看見。

玩弄定義也是一種把問題調包的技巧，讓人從關注A點轉移到B點，進而達到分散注意力的效果，或忘記自己真正在乎的重點。這也是笑話之所以好笑，在於預埋的轉折點創造出思考的落差，使人發噱。但在高難度對話中，若主角換成是你自己，問題被調包，故意打亂你的思考，恐怕就笑不出來了。

二〇〇四年總統大選前夕，爆發戲劇性的「陳由豪事件」。富商陳由豪信誓旦旦地說，他曾經兩次進入總統官邸，將政治獻金交給當時的第一夫人吳淑珍，而負責穿針引線的，就是民進黨大老沈富雄先生。沈富雄消失幾天後，終於出現在媒體面前，記者追問沈富雄，究竟有沒有陪著陳由豪進入官邸，這時他給了令人玩味的答案。沈富雄說：

「第一個可能是，我去了；第二個是我沒去，可是我記憶中有，如果我對有去一事深信不疑，那麼測謊也會過；第三個是沒去，可是刻意陷害陳總統跟第一夫人，要讓他們難做人，不過這種可能性很少；第四個可能是我有病，得了妄想症。」

沈富雄既沒有回答「有」，也沒有回答「沒有」，模稜兩可的「可能論」正是玩弄定義式的回答，雖然創造了新聞話題，但針對釐清真相，並沒有幫助。

無論你碰上的是不是政治人物，在高難度對話情境中，如果你看得出來，眼前這位應該跟你一起解決問題的關係人，卻在玩弄定義、掉包問題，你得提高警覺，採取適當策略，才能捍衛自身的權益。

婉華參加好友的婚宴，席間一名服務生失手將一碗雞湯灑了她全身。眼看婚宴結束後，還得去見客戶，婉華立刻去隔壁商場買一套新衣服換上，並且把發票交給宴會館經理，要求宴會館賠償損失。沒想到宴會館經理拒絕全額理賠，在電話中和婉華起了爭執。

「曾小姐，依照公司規定，碰到這種事，我們的賠償金額就是兩千塊。妳要求我們全額賠償，總不可能今天妳去買一件香奈兒，我們也得賠妳一件香奈兒吧？這是價値觀的問題。」

聽到經理這樣的回答，婉華簡直氣炸了，於是她又針對「價値觀」的問題，和這位婚宴館經理唇槍舌戰許久。

「但我今天買的只是平價服飾，並不是什麼昂貴的名牌啊！」

「對您來說，ZARA可能只是平價服飾，可是對別人來說，可能是高級品。」

婉華覺得繼續跟這個經理吵下去，只會讓自己變得愈來愈沒格調，最後鬧得不歡而散。

其實，宴會館經理做的，正是玩弄定義、掉包問題。因爲要處理這起糾紛，重點是婚宴館的疏失，還有婉華期望的賠償規格，而不是買什麼牌子的問題。

如果婉華能夠在第一時間，看懂、聽懂這個經理正試圖誤導她，她不需要跟著假議題進行辯論，只要「跳針」地要求這個經理釐清疏失還有賠償責任，才能不被牽制，得到想要的賠償。

3.預支承諾

有時候，在壓力或衝突情境中，對方爲了讓你趕快做決定，常常會運用你對未來的想像轉移焦點。這在日常對話中，也經常看到。比方你去夜市買衣服，你很喜歡某一件襯衫，但價格高過於你的預期，你想請老闆打個折，這時候可能會說：「老闆，你就便宜算給我，**我以後**會再帶朋友來，多跟你買幾件。」

發現了嗎？這個承諾的兌現期是在未來，除非你們白紙黑字，明確的把時間寫下來，否則你翻臉不認帳，或是一直說「下次就去買了」，對方也拿你沒輒。

類似的句型還包含：「我敢跟你保證我會**永遠**愛你，不會遺棄你」、「只要你聽話照做，**從此**就能夠平步青雲」。

因此，回到高難度對話，明明你們眼下就有一個衝突無法達成共識，但對方一直要你「現在」多退一點，「將來」一定會給你好處時。請別被未來的迷湯灌醉，他可能是拿「未來的事」做煙霧彈，先預支承諾給你，但究竟會不會跳票？能不能兌現？又是另外一回事了。反正到時候，窗口換個人，他就能安然脫身。

比較保險的作法，如果真要預支未來的承諾，請對方明確寫下時間、地點、內容、對象等細節，其可信度才高。

4. 過分修飾

人的心理會有一種補償作用，知道自己的說辭在現實上的支持度是不夠的，於是就會在文字上做補償，刻意講的活靈活現或雕章琢句，好讓你聽起來覺得真有那麼一回事，說服你相信他。

特別是當今的媒體，在文字的使用上，常常用標題殺人法來吸引讀者的目光，不禁讓人覺得有失公允。例如「知名女星**狂甩**二十公斤，**噴血火辣**上陣」、「**暴紅**素人，棚外一樣大**暴走**」，你之所以會覺得誇張，是因爲記者過度使用「形容詞」，像：狂甩、噴血、火辣、暴紅、暴走，反而失去了客觀性，讓人覺得不眞實。同樣一句標題，也可以說成：「知名女星持續減重二十公斤，清爽現身」、「媒體焦點素人，棚外行爲不受控制」，感受是否相差甚遠？

何以媒體需要如此重口味的下標法，其背後是否有意操控閱聽大眾的思考，也是值得深思的。而回到高難度對話，如果你發現對方使用的字詞，超乎一般正常標準，明明只要說「他看了我一眼」，卻刻意形容成「他非常凶狠的看著我，眼神充滿殺氣」，你可以在心中按個暫停，想想爲何他需要創造你對他口中那個人的厭惡感？或是把自己塑造成受害者的樣子？很有可能他有意誤導你的觀點。

5.不恰當的怒氣

最直接的說服莫過於用情緒逼另一人就範，試圖威嚇，讓人不敢再做進一步的質疑。舉例，當你逛大賣場，走出商店，門口的警示音突然響起，一名警衛請你停下腳步，這時候，如果你眞的沒有偷竊，會怎麼反應？

最有可能的表現是一頭霧水，好好地說明自己的狀況，並容許警衛稍加檢查，確認可能是警報器太敏感而非你的問題之後，就會平靜離去。

而一個有犯行事實的人，有很大的機率會大呼小叫，斥責店家服務態度不佳，懷疑客人的清白。希望店家能知難而退，大事化小。

但正常的情況下，任何情緒的升起都需要一點時間醞釀，過快或過大的憤怒，絕大多數都是有目的性的，企圖轉移焦點，或引發緊張讓人無法思考。面對這樣的情況，**你不需要在情緒上與之起舞，保持「溫和但堅定」的態度，重複把你的訴求說清楚。幾次下來，對方的怒氣就像是打在棉花糖中，缺乏施力點，自然而然消退。**

迴避的敘述

上一種表述模式，說服而非傳遞，是比較強勢、積極的溝通風格。在衝突中，也有另一種典型是先示弱，所謂伸手不打笑臉人，卸下你的防備心，讓人自然而然談不下去。主要形式有以下三種：

1.過度禮貌

網路上流傳一種馭夫術，教導妻子如果發現丈夫最近回家特別乖巧聽話，送花送鑽，Honey長、Baby短，就要小心丈夫是不是有求於你，或正在計畫什麼壞事。

說實在的，這樣的推論確實有些武斷，很有可能澆熄老公想要改善親密關係的心意。但對於一個平常不是那麼客氣，突然在行為基準線有了改變的人，保持覺察是必要的。可能對方希望讓自己聽起來或看起來小一點，以博取你的同情或保護。

在偵查人員的訓練中，有一條就是要小心那些看起來特別禮貌斯文的人。因為對一般人來說，被警察攔下來是一件很麻煩的事，我們要不就是緊張、不知道發生什麼事，要不就是不耐煩，覺得警察沒事找碴。但一個有犯行意圖的人，為了不打草驚蛇，會刻意保持低調，配合警方的盤查或詢問。不過，隨著問句愈接近對方想要保護的事物，他在語言上的表達就會改變：

「有沒有喝酒？」

「沒有。」

「待會要去哪裡？」

「去朋友家聚聚。」

「你車上有一股奇怪的味道，麻煩你下車接受檢查。」（K他命或安非他命會有一種獨特的塑膠燒焦味）

「**警察大人**，你放心啦！我們都奉公守法，沒什麼值得你花時間力氣搜索的啦！你們站了一整晚，一定很累，**辛苦了**。」

這位駕駛突然多了敬詞，並且同理警察的工作，很有可能在情急之下，想要透過討好、裝乖來逃避進一步的盤查。這時候，除了忽略他的說法，堅持自己的命令，更要小心對方的肢體行爲有什麼預備動作，有很高的機率當他發現瞞不住就發動攻擊。

2.無意義的填空

我們說話時，或多或少都會有一些贅詞，像是這個、那個、然後、後來、所以……。如果只是無意識的重複，頂多讓人覺得拖泥帶水，口條不夠俐落。但如果對方平常講話還算清楚，在你突然問他某個問題後，無意義的發語詞變多了，有可能他還沒準備好回答這個問題，或這個問題讓他覺得很有壓力，因此表達模式出現偏離基準線的狀況。

「你昨天很晚回家喔！你去哪裡啦？」

「沒有啊！就是跟朋友聚聚！」

「哪一個朋友？」

「**哪一個朋友啊**？就你知道的啊！**那個……那個**叫什麼名字，我怎麼突然忘了！啊！阿明啦！」

如果單純是朋友相聚，當你在問有誰時，一般人通常會直接回答。但此人卻選擇重複一次問句才回答，很有可能他想利用重複的時間，趕緊想一個答案。此外，第一個回應相對較短且無贅詞，第二個思考時間變長且贅字變多，都是值得注意的地方。不一定代表他說謊，可能是他不太想讓你知道某件事。

3. 敘述比例不合理

我們通常在描述一件事情時，會稍微做一點前情提要，然後進入正題，之後交代一點後續發展。內容的比重大約是2：6：2，不一定每次都這麼精確，但前後差不多，否則就會頭重腳輕、背景交代一堆，卻完全沒有重點，類似前面在〈模糊用詞〉一段中，曾談過的細節太多，同樣值得你多留意。

明祥因爲公司業務愈來愈多，需要更大的辦公空間，他在租屋網站做了許多功課，也實際走訪一些物件，想爲員工找一個更舒適的新環境。但辦公空間夠大的物件，租金都不便宜。後來，他無意間在網站上發現了一間五十坪大的房子，雖然在地下室，但月租金只要兩萬元不到，令他很心動。

這麼誘人的價格，讓他迫不及待約了房仲，想參觀空間。見了面，明祥也試著問房仲，這間房子空了多久？先前的營業用途爲何？前任房客爲何搬走？只要跟房子本身有關的事，房仲都一問三不知，卻不斷強調周邊的訊息，例如：空間大又完整，在市中心已經很少見了，附近交通便利，雙鐵共構，停車也方便，做什麼行業都合適。

明祥直覺不對勁，繞到後門，看到一扇緊閉的鐵門，湊近聆聽，還聽得到一些低頻震動聲。明祥問房仲，鐵門裡面是什麼？房仲避重就輕的回答只是一個簡單的裝潢，沒有額外的空間。明祥不死心，靠近一看，發現一個小小的維修窗，拉開來一看，裡頭竟然藏著變電箱。這下子他終於懂了，爲何這房子可以用這麼低廉的價格出租。明祥搖搖頭，心想：這房子免費給我，我都不願意，誰願意在有電磁波的環境下工作啊！

〈聞〉所未聞——透過談話判斷對方的訊號

總之，不管是「模糊的用詞」、「說服而非傳遞」，還是「迴避的敘述」，不管對方說的話再怎麼動聽、合乎邏輯，你一定要在心裡不斷地自問自答：

✓ **對方有沒有回答問題？有沒有轉移我的問題？**

✓ **對方的回答明不明確？有沒有清楚說明自己？他與這個答案的關係？以及這個答案會發生在何時何地、何種條件下？**

若對方有心誤導你，在他編造不眞實的訊息時，大腦頻寬就會被占據很多資源，因而無法顧及自己的肢體如何呈現，所以盡可能在狀況比較好的情況下進行高難度對話，別在疲倦或意志力薄弱的情況下開啓談話，你才有餘力從對方〈聞〉的訊息中，找到相對應〈望〉的訊號。

記得，行爲是一整個系統組合出現，當你在〈望〉的地方發現不對勁，有很高的機率〈聞〉的訊息也會同步出現。反之亦然。

你釋放了何種訊息？

透過聽懂對方在聲音與口語表述中可能洩漏的祕密，我們對處理高難度對話有了基本的信心，再也不會覺得自己好像光溜溜的上戰場，絲毫沒有自我保護能力。然而，除了知道怎麼判斷對方的可信度，我們也要反問自己：「我的呈現能夠讓對方安心，願意分享更多嗎？」「我有沒有一些不良的說話習慣，影響到別人和我溝通的意願呢？」「我會不會無意間引起對方防衛，讓人懷疑我的眞實？」

也就是說，回到高難度對話最根本的命題：「判斷訊號」和「營造眞實」，在我的實務經驗中，不少人花許多力氣研究探討「別人發生什麼事」，卻花很少時間了解「自己說了什麼話」。以至於衝突不僅沒辦法解決，還常常愈談愈僵，覺得錯都在別人身上，自己最無辜。但溝通是雙向的，只要任何一方想放棄、不願意好好處理，就很難有個圓滿的結果。

在〈聞〉的前半段，我們談了很多在高難度對話中，你該保持警覺的話術陷阱。接下來，我們就來聊聊哪些話聽在對方耳裡，像是語言地雷，一不小心就引起對方的防衛或憤怒，讓談話無法順暢。

如果將訊息的交流比喻成雙向道，必須有來有往，溝通才算成立，也才能進一步處理立場不同的問題。有一些表達習慣，甚至是你自己都無意識的口頭禪，可能一直在對話中築牆、設路障，而你卻不自知。典型的狀況有：負表述、不確定感、極端用詞和過度簡化。

【路障1】你一開口是在拆牆？還是築牆？——負表述

有一句廣告詞挺經典的：「世界上最遠的距離不是天涯海角，而是我在你面前，你卻不知道我愛你。」同樣的，在人際互動中，我們常說著相同的語言，卻聽不懂彼此說的話。

你一定遇過一種人，一開口就讓你火冒三丈，談沒兩句就想翻桌走人；即使長期相處，你知道對方並沒有惡意，可是你還是會無法抑止地想要對方閉嘴，或乾脆逃離現場。

仔細分析這些人的說話習慣，你會發現他們很喜歡用「負表達」，例如：

「唉呀！你不懂啦！」

「不是，不是，你聽我說……」

「你不知道啦……」

「別囉嗦！聽我的準沒錯！」

「不，不，不……」

「你錯了！」

「沒辦法！」「不可能」「才不是……」

當這樣的「負表達」一出口，好像在你們的關係中，築了一道又高又厚的牆。不論對方接下來說的再怎麼有理，你下意識就想反抗，不想接受對方的提議或觀點，對話往往陷入僵局。

何以這樣的表達模式令人討厭呢？其中很重要的一個關鍵是，他創造了你的損失感，讓你覺得被否定，失去發言權。

基於生存需要，人們對失去所帶來的痛苦感受，會比得到所產生的快樂更強烈，影響甚至大二．五倍，心理學家稱爲「損失趨避」。心理學家曾經進行兩個簡單的實驗，要一群人在第一組選項中，選擇一個讓自己舒服的方案。

A：100%可以賺900元。

B：90%可以賺1000元，10%什麼也賺不到。

大部分的人都會選A。可是換一種說法：

A：100%會賠900元。

B：90%會賠1000元，10%一毛也沒損失。

你相信嗎？只是換一種說話方式，人們的選擇馬上從A換到B。即使，你的理性告訴你，A與B兩個選項的期望值是一樣的，可是你就是不喜歡那種「一定會讓你失去資源」的「感覺」，儘管機率不高，你還是想賭一把，看看有沒有可能保留所有東西。你會想辦法降低自己暴露在損失的風險中，增加獲得的機率。

同樣的心理狀態，放在高難度對話，也有類似的效果。當對方一開口就直接否定你的看法，你立即感受到的就是一種被剝奪的痛苦。表面上否決你的發言權，更核心的是，這樣的表達習慣會讓你覺得對方全盤抹煞你的苦心，不論是具體的作品或抽象的價值，完全不留給你機會說明、解釋。因此，爲了保護自己，你很快就會被激怒，想要反駁對方，於是情緒就會愈來愈高漲。

一旦自我保護的情緒被撩起後，我們的認知和控制能力就會降低，接下來的劇情，大家就很熟悉了，常常是談沒幾句就吵了起來，一心只想要扳倒對方，證明自己是對的。

了解這一點之後，爲了避免悲劇繼續上演，下一次，當你要回應別人的觀點時，可以先創造對方的確定感（就像第一個實驗的A選項），讓對方知道你接受或喜歡他的哪一個部分，創造好的連結，再說出你的觀點。如此，談話比較有可能展開，而不會一開始就話不投機，最後不歡而散。

舉例，如果對方是一開口就習慣否定別人的人，你可以試著套用以下的句型：

A：「你**不懂**，我們公司的客戶都很龜毛，你的提案他們不會有興趣的啦！」

你：「**是的**，您一定是最了解公司客戶的人。」這句話的重點在於，別急著解釋，先創造對方心理獲得肯定或認同感。

A：「還好啦！」通常人們面對稱讚，口氣反而會收斂一點。

你：「既然您這麼了解客戶，今天就要借重一下您的經驗，看看這個提案哪裡需要調整，效果會更好。只是，在此之前，先容我花幾分鐘，把簡報完整的說明一次，這樣您的評估和反饋也會更全面。」此時就爭取完整發言的空間。

假使，對方一打槍你，而你的情緒馬上被撩起，想要奪回發言權，做了以下回應：

你：「**您誤會了**，這份企畫和先前的很不一樣，我們放了許多新點子在裡面……」

或：「**您先別急**，聽我說。這份企畫和先前的很不一樣……」

對方接收到的，同樣是被拒絕。可預期的是，接下來的談話，恐怕會非常「卡」。曾在網路上讀到一段文字，是一位父親寫給女兒的話：

「不要用非黑即白的方式寫作，說服別人時，除了證明自己是對的之外，也要承認另一方有對的部分，這樣邏輯才對，也才能得分！」

我想，這位父親想提醒女兒的是，在說服別人之前，得先贏得對方的尊重！因爲尊重，正是建立良好關係的第一步。高難度對話的坡度，才能慢慢趨緩。

好的轉折詞帶你上天堂，爛的轉折詞害你被判出局！

還有一種跟負表述相似，也很容易激起對方的防衛，那就是不當的使用連接詞。在文法中，我們通常會把講話的重點放在轉折詞之後，例如：「我答應你準時出席，**但是**如果老闆臨時叫我加班，那我就沒辦法了。」

仔細分析這句話，表達者眞正想強調的是「但是」之後的意思，他覺得臨時加班的可能性很高，爲了不讓自己食言而肥，他先打預防針，讓對方有心理準備，不會因爲趕不及而跳腳。

也就是說，「但是」，這個轉接詞前後的語句，意思經常是相衝突的，後面的陳述是做爲前一句的反例或例外條款。因此，出現的頻率不能太高，否則就會讓人覺得你不配合或故意唱反調，讓對談者爲之氣結。

然而，我常常在高難度對話中，發現有些人習慣在發表自己的立場或想法之前，用「可是」、「但是」、「不過」開頭，使得原本的好意沒辦法被接收到，反而引起更大的反彈。

瑋珊剛升任小主管，需要經常主持會議，幾個月下來後，她和部屬的關係愈來愈緊張，有些人甚至申請調職，令她很挫折。她不了解為何每一次召集會議，同仁們總是找盡理由請假，就算勉強參加，談沒多久，就沒有人要發表意見。

我請她側錄一段會議內容：

A同事：「我覺得這款產品已經上市好一陣子，可以嘗試買一送一的活動，趁暑假刺激買氣。」

瑋珊：「**可是**，這樣營業額會下降太快，報表會很難看。」

接著就是長長的沉默……。好不容易，另一個B同仁說：「如果不打價格戰，我們可以舉辦試用會，挑幾個賣場做展示，第一線接觸使用者，了解他們的想法。」

瑋珊：「你說的很有道理，**但是**我們人手不足。」

聽完這兩段談話，我問瑋珊是什麼讓她會這麼回應？她毫不考慮的說：「這些本來就需要考慮啊！也是長官在乎的細節，我好心先提出來，而且我說的都是實話，爲什麼他們聽不懂？」

瑋珊的想法是很典型的「把人當成事情處理」，但**在高難度對話中，你會發現「對的事，不一定行得通」，除非你先把人弄對**。

換句話說，瑋珊毫不修飾的把自己的疑問接在「但是」、「可是」後面，會讓部屬覺得主管反對他的建議，爲了不被批評，乾脆閉嘴。久了，組織就容易有官僚習氣，人人都覺得多一事不如少一事，毫無向心力可言。

我試著讓瑋珊了解，**不當的使用連接詞，會讓談話變得無力、毫無希望感，一不小心就變成句點王，一開口就讓談話凍結**。假使她眞想提醒部屬需要多考慮其他層面，讓談話可以拓展，激盪出更多思考的火花，她得學會換句話說，像是：

（×）「**可是**，這樣營業額會下降太快，報表會很難看。」

（✓）「這是一種可能性，那營業額的部分該怎麼處理？才不會掉太快。」

（×）「你說的很有道理，**但是**我們人手不足。」

（✓）「聽起來是可行的，在人員配置上，你有什麼想法？怎麼樣可以不增加新手，減少訓練時間，同時活動可以順利執行？」

瑋珊本來的說法是把「結論當事實」，就會讓人覺得武斷、不夠開放；後者，則是把脈絡交代清楚，同時不斷言事情的結果，保留開放性。在高難度對話中，唯有讓對方不覺得被威脅，你才有可能聽到更多實話。

【路障2】原地打轉的對話迷宮——不確定感

如果說負表達和不當的連接詞，像一堵牆，使溝通窒礙難行。接下來，我們要談的這種說話習慣，就像是在原地繞圈圈一樣，讓人看不到進展，覺得不耐煩。

在高難度對話中，經常要處理立場的問題，但有些人對於發表自己的想法或意見時，很怕被討厭或被要求負責；因此，他們習慣用「隨便」、「看看」、「再說」、「不好說」逃避回應的壓力。

其實，他們並不是真的沒意見，而是不想直接說出來，希望別人猜得到。一來可以凸顯自己的重要性，二來可以技巧性的規避責任。如果你真的忽略他們的想法，他們又會在事後放馬後砲，氣得你牙癢癢的。這時，談話很容易陷入僵局，你進也不是，退也不是，就像跳恰恰一樣，好像一直在移動，但事實上是原地踏步。

假使你發現自己在衝突中，很喜歡回答「擦板球」（有搭腔，但沒回答問題），一定要趕快調整這樣的習慣。因爲這樣的回應，並無法充分讓對方了解你的狀態，反而有可能他用自己的假設套在你頭上，以爲你同意了，或是不拒絕。如果你眞的無法馬上回答，也請用完整的語句表達你的立場，例如：

	搭腔	完整表達
例1	隨便、看看、再說	請再給我一點時間思考，我會在明天早上回覆你
例2	不好說	這個情況有些複雜，不能只聽單方面的說詞，我需要收集更多訊息，才能下決定，請再給我一點時間。

並依約在時間內，清楚說明自己的想法。若眞有困難，可以再花點心力釐清自己掉入四大心理陷阱中的哪一個因素？

但如果和你談話的人，喜歡回答不精確的答案，該怎麼辦？很簡單，態度溫和，立場堅定的請對方解釋「隨便」、「看看」、「再說」是什麼意思。

閔翰是一個很體貼的男友，總會主動照顧女友的飲食，希望她身體健康。但最近他很挫折，常常問女友想吃什麼，女友都回答：「隨便！」

可是，買回來不合女友的心意，女友又會生氣說：「你不知道我不愛吃洋蔥嗎？幹嘛買日式豬排？」讓閔翰覺得心灰意冷。我問他：「是什麼讓你不問清楚再行動？」

他說：「我怕問多了，女友會生氣。」

「可是買錯了，她一樣會生氣，你們的關係眞的有因此變好嗎？」

閔翰發現自己愈逃避問題，問題只是愈來愈大，最後不只是吃飯而已，女友連他的穿著都有意見，卻只丟下一句「我不喜歡」，甩頭就走。他們連基本的溝通都出現很大的狀況。

當閔翰了解自己因爲太害怕失去這段感情，而讓關係失衡後，他開始調整回應方式：

「妳中午想吃什麼?」閔翰問道。

「隨便。」

「我想知道妳的隨便，是不是有比較接近的選項?請妳直接告訴我，或我們一起討論。否則我按照自己的意思買回來的午餐，若不合妳的胃口，妳生氣事小，餓肚子，把身體搞壞，會讓我更心疼。」（清楚交代自己爲何需要知道答案）

「喔!但天氣很熱，我吃不太下!」（讓對方有機會再多說明自己的狀態）

「這樣我們可以買涼麵吃，好嗎?冰冰涼涼的，比較開胃。」

「好啊!但涼麵很快餓，你再多買兩個豆花回來，下午當點心吃。」

「這是個好主意。」兩人不僅達成共識，並創造出新的可能性，讓感情更加分。

【路障3】毫無彈性的談話單行道，只能去，不能回——極端用詞

由於人在壓力情境下，血液會優先供給四肢，這樣不管稍後採取的行動是攻擊，還是逃跑，都會更快速。因此，在高難度對話中，我們的知覺會窄化，理性的大腦也會暫時無法運作，語言功能隨之降低，必須花較大的力氣，才能把訊息傳遞清楚。這

也是爲何吵架時，我們很容易詞窮，罵來罵去就是那幾句。同時，爲了讓對方感受到我們的情緒，所使用的詞彙都比一般對話更極端。

但這類的極端用詞，像是：你一定、故意、每次、常常、老是、永遠、總是……等等，很容易變成論斷對方的意圖，引起對方的防衛。就像我們在第一部提到的，高難度對話之所以困難，在於我們總以爲自己知道對方這麼說或這麼做的原因，並把推論當事實，不給對方解釋或說明的機會，讓訊息出現斷層。

這樣的用詞，幾乎是下意識，不經思考就脫口而出的。當你對著部屬大吼：「你**老是**遲交報表，擠壓我整理的時間。」你眞正想表達的是，你希望有更多時間準備簡報，但部屬聽到的是你指責他不負責任，在你眼中他一無是處。爲了挽回自己的形象或尊嚴，他可能會反駁你：「我上星期準時交給你，是你漏信，沒收到。」於是，談話焦點就變成爭執遲交的頻率和次數，而不是怎麼樣可以準時完成。

因此，**在高難度對話中，你必須格外注意自己是怎麼遣詞用字的，儘量避免使用極端用詞，若要評論對方的行為，請用「感官用詞」代替推論。所謂的感官用詞，就是用你看得見、聽得到、摸得了的訊息，傳達你的意思。**

同樣一句話：「你**老是**遲交報表，擠壓我整理的時間。」

換成是感官用詞：「我注意到這是你**這星期第三次**遲交報表，這讓我很困擾，因爲你的晚交，會擠壓我做簡報的時間，影響最後的品質。」

「老是」是一種模糊、概略的說法，而「這星期第三次」則相對具體。如此，你們就不用花力氣爭論誰才是對的，把注意力放在如何避免同樣的錯誤再度發生。

【路障4】讓人覺得置身事外的回應——過度簡化

最後，關於個人的說話習慣可能造成的溝通地雷，讓衝突愈處理愈麻煩，也是最多人常犯的錯誤，就是回應的太簡短，訊息太籠統。

在〈聞〉聲音語氣與口語表述所洩漏的祕密，辨別對方訊息的這一章中，曾經提過一個人回答的細節太多、太少或太一致，都算是模糊的敘述，值得多注意。但很多人在面對高難度對話時，會因爲抱持著「多說多錯，少說少錯」，使得回應細節太少，傳遞的訊息太含糊，進而拉大雙方的距離，無法建立信任感。特別是男性相較於女性，在口語表達上，反應速度沒那麼快、詞彙沒那麼多。因此，偏好簡短的回答，但聽在女性伴侶或溝通對象耳中，很容易變成漠不關心，拒人於千里之外。

依潔因爲教養的問題，最近和公婆有許多不快，她希望先生能幫忙協調。趁公婆週末出遊時，依潔約老公到咖啡廳討論，該如何和爸媽反映孩子的學習環境，需要有所調整。

「老公，你知道祥祥一直分不清楚ㄅ跟ㄈ嗎？」

「不知道。」

「我擔心他發音不清楚，會影響到日後的閱讀。所以我想讓孩子下課後，我先陪他們把作業完成，多練習幾次正確的發音，再看電視。可是爸媽卻覺得小朋友上課很累，回家玩一下沒關係。」

「你們決定就好。」

「我試著跟爸媽解釋，但他們不聽，你覺得還有什麼辦法？」

「不要問我，我不懂。」

談到這裡原本還期待先生能幫上忙的依潔，變得非常挫折，孩子的教養問題很快就變成夫妻的婚姻問題。重新分析先生的回答，不僅太簡短，讓人覺得沒有談話的意願，通常過度簡化的訊息也會摻雜著「負表達」，讓人覺得有一道又高又厚的城牆。

換句話說，**在高難度對話中，你有溝通的意願，不一定表示對方也會有同感。你得在回應中，讓對方感受到你的誠意**。因此完整表述，好好表達自己的想法，這是很基本的態度，如此才能展現你的誠意，讓對方願意談下去。再來一次，若先生懂得這樣回應：

「老公，你知道祥祥一直分不清楚ㄅ跟ㄈ嗎？」

「我不知道，這樣會有什麼問題嗎？」

「我擔心他發音不清楚，會影響到日後的閱讀。所以我想讓孩子下課後，我先陪著他們把作業完成，多練習幾次正確的發音，再看電視。可是爸媽卻覺得小朋友上課很累，回家玩一下沒關係。」

「你們說的各自都有道理，那現在情況如何？」

「我有試著跟爸媽解釋，但他們不聽，你覺得還有什麼辦法？」

「我一時之間也沒想到好方法，但我覺得這很重要，否則妳、祥祥、爸媽都會不快樂，氣氛不好，學習也不可能好。」

感覺是不是差很多？同樣的意思把話說完整，對方就不容易錯誤解讀，造成更多誤會。但重點不在於熟背這些話，或學會多厲害的話術，而是那份**願意一起好好面對衝突的心意，對方是感受得到的，這也是高難度對話之所以能夠化解的關鍵**。

小結

我們每天都在聽話，也不停地說話。但你真的「聽懂」對方的言下之意，或不經意洩漏的心思嗎？同時，你知道自己是如何使用詞彙，表達自己的想法或感受嗎？

不少人都以為自己已經把事情說得很明白，或把祕密保守得很好，但如果用心聽，你會發現**許多口頭禪，正一直在扯自己的後腿，或讓有心人士可以趁虛而入**。因此，花一點時間錄下自己和別人對談的聲音檔，反覆聆聽，你會發現真正的老師不用外求，掌握這一章提到的原則，你就有能力為自己的表達抓漏，談話不再滴滴答答，保持清爽俐落。

Chapter 3

問——獲得關鍵訊息的巧妙提問

以往企業在選才任用上，會先以專業與學歷做考量，但隨著高學歷愈來愈普遍，專業人才比比皆是。慢慢地，大家發現空有技術是不夠的，能不能好好與人溝通協調，變成在職涯上勝出的關鍵。而溝通要做到好，傾聽和回應能力是基本配備。特別是回應能力，你必須將自己的理解恰當地表現在對話中，對方才會覺得你聽懂了，而不是你自覺聽懂，對方就會有相同的感受。

回應又有分：被動和主動。被動式的回應，指的是摘要對方的談話內容，表達自己的理解或回答對方的提問；反之，主動式回應就是主導或開啓一段談話的方向，最常用的方法就是透過問句，聚焦人們的思考。因此，在團體中，通常最會問問題的人，都能夠輕易掌握談話的節奏與流動，這也是爲何優秀的主持人，身價地位都不斐，例如歐普拉女士。

於是，不少人看了播出之後，很想模仿或學習主持人犀利又精準的提問，直接複製問題的內容與句型，卻忽略了許多電視或公眾訪問，事前做了多少準備工夫、收集資料，甚或和來賓彩排過好幾次腳本後，才正式開演。也就是說，很多你覺得出色的問題，並不是憑空而來、臨機應變，而是消化整理後的精華，或是爲了節目效果，雙方配合演出。單單看到表面，覺得只要把提問能力練好，設計幾個漂亮的問句，就能夠掌握對話或說服對方，沒有對問問題有更完整的認識，做好鋪陳，可能會陷入自導自演，沒有人願意接話的窘境。

因此，中國老祖先很聰明，把「問」，排在「望」和「聞」之後，而不是一開始還沒了解狀況，就直接發動攻勢，以爲自己可以問出讓人「一刀斃命」的問題和答案，最後卻慘遭「中箭落馬」。**在高難度對話中，太早讓對方知道自己的假設，很容易打草驚蛇，收集不到真正重要的訊息，或者惹怒對方，翻臉走人。**

問話之前，你該知道的事

所以，在開始進入問話技巧前，有兩個觀念需要先讓你了解：

【設定1】人人都可以有祕密

首先，每個人都有祕密，隱瞞部分的訊息不想讓其他人知道，目的是讓自己有安全感或自尊，有一個喘息的空間。假使你認爲人與人交往應該坦誠不諱，覺得對方沒告訴你就是一種說謊，那麼，你在問問題時，就會帶著一種「抓謊」的心態與意圖，打算突破對方的心防，得到你想知道的訊息。

然而，心理學大師也是表情研究的始祖保羅．艾克曼（Paul Ekman），對於抓謊有一番值得深思的見解，他認爲：「抓謊經常會破壞關係、出賣眞相，偷了一些有理由不該給的訊息。因此，抓謊者應該了解，刻意抓別人說謊的線索，其實是一種『僭越』，既沒有得到對方的同意，又侵犯別人的木意。」

回到高難度對話，當你認定對方有意欺騙時，你就像把鐵鎚，看什麼都像釘子。對方很可能因爲感受到這份敵意，而拒絕談話或協調。因此，**與其把「問話」視為是一種「抓謊」的技巧，倒不如重新定義成：創造真相可以出場的空間，你比較輕鬆，而對方也比較願意配合。**

【設定2】說謊者的大腦很累

但假如你眞的遇到有心操控你的人，該怎麼辦？總不能你拿眞心向明月，豈奈明月照溝渠，不斷地安慰自己吃虧就是占便宜，合理化對方的行爲，卻合理不了內心的委屈和憤怒。

這時候，你得了解一個試圖要誤導你的人，他的大腦在乎什麼事，你才能夠找到反擊點：

1.真正的事實：先前提到，說謊者滿腦子都是眞相，他必須辨別哪些訊息爲眞？何者爲假？才能淡化對他不利的內容，編造新的故事。

2.他希望你相信的劇本：說謊者會先把整個故事的邏輯順一遍，找出可能露出破綻的地方，事先想好說詞。

3.到目前為止，他已經跟你說過的情節：他不僅能創造謊言，還得琢磨你怎麼思考或認定他的故事。

4.可能推翻他的故事的新證據：同時，欺騙者對於預期外的刺激都很敏感，假如與該事件相關，他必須能夠提出新的解釋。

5.你對他的故事的反應：相信？還是質疑？這會影響到他下一步是要繼續撒更多謊，還是轉攻爲守，等待你上鉤。

6.他對於自己說謊時的身體反應與外在呈現：欺騙者必須動員全身上下的細胞，合力演出一齣戲，控制自己的臉部表情，不要顯露罪惡感或慌張，以及表述方式不能有太明顯的錯誤，才能矇騙過關。

也就是說，當一個人處於說謊狀態時，他的大腦是很忙碌的，他必須同時處理龐大的訊息。這時候，如果你懂得**透過適當的提問，增加他更大的認知負荷，他很有可能因為一時之間無法處理，露出馬腳或乾脆承認，以解除壓力**（如果他覺得坦白是比較輕鬆的選擇）。因此，問句的設計和時間點的掌握，絕對有其必要。

「詢問」四大步驟

但在發問的流程上，並不是單刀直入，把問題說清楚就能夠得到你想要的訊息。因爲對方不知道把眞相告訴你之後，會發生什麼事情？他會不會被懲罰？還是問題能夠被好好處理？因此，在說法上傾向保護自己是很正常的反應。

你愈尋求「一刀斃命」的問題，對方感受到的就是一種「**質問**」或「**拷問**」。於是，你只會得到兩種結果，一個是引起防衛、破壞關係；另一個是對方會說出你想聽的答案，而不是眞正的想法或事實。就像小時候，爸媽或老師帶著嚴厲的語氣問你：「說，錢是不是你偷的？」「你今天是不是蹺課？」「不說清楚，我就打斷你的狗腿。」

這一類的問句，很清楚點出他們想知道的答案，可是沒有照顧到你的感受，創造出不必要的緊張感。因此，有很高的機率，你會打死不承認；就算你屈服於對方的權威，回答有，對方仍然得不到你爲何做這件事的動機與目的。

然而，在高難度對話中，**真正重要的不是答案（有沒有偷錢），而是接下來怎麼做或調整（怎麼樣可以不偷錢）**。所以，你愈能夠取得對方的信任，讓對方願意主動說更多，你們之間才有可能得到共識。

也就是說，在高難度對話中，你要把〈問〉定義成「訊問」，就是你收集足夠的「訊息」後，經過適當的鋪陳，最後「問出」你想要的結果。大致上可以歸納成四個步驟：Easy Talk（暖場）、Pre-Talk（事前指點）、核心訊問、封閉式問題。但這四個步驟並非依序進行，當你發現談話有些不順暢，隨時可以回到「上一個」步驟重新再開始。

【步驟1】Easy Talk——暖場，為談話熱身

儘管我們先前一再強調高難度對話、溝通和閒聊的差別，但不等於閒聊是毫無價值的。相反地，在面對壓力情境時，適時地運用閒聊，能夠放鬆彼此的心情，在這個過程中，建立對方基準線的資料，做爲之後判斷的依據。

不過特別要提醒的是，很多人以爲自己在閒聊，事實上卻創造了對方很大的反感或壓力仍不自知。直接來看一段對談：

A：你喜歡金城武嗎？

B：還好。

A：你不覺得他很帥嗎？愈老愈有魅力。

B：沒研究。

A：他最近有一部新戲，聽說很好看，你知道嗎？

B：不知道。

A：你是那種不關心影劇新聞的人喔？

B：不至於。

如果你是B，你會不會聊不到兩句，就很想翻白眼走人。可是就A的立場，他想透過閒聊放鬆心情，這份心意也是眞的啊！爲何得不到想要的效果呢？很簡單，因爲少了「疑問詞」。回頭檢視A所問的問題，雖然每一個都是「疑問句」，卻帶有很強烈的預設，讓人覺得不太舒服。

然而，一個好的問題，經常都帶有「疑問詞」，才能夠呈現足夠的開放性，讓人不覺得受威脅或有被評價的疑慮。所謂的疑問詞，包含：怎麼、什麼、哪裡、何時、如何、何以、何者、多久……。我們再一次把這些詞套進原本的對話：

A：你對金城武有**什麼**印象嗎？

B：還好，他是我國中時期大家都風靡的偶像。

A：你**怎麼**看待他的外型？有人說他愈老愈有魅力？

B：沒有特別去研究，但在許多上了年紀的男演員中，他算保持不錯的。

A：他最近有一部新戲，大家反應很熱烈，你身旁**有誰**在討論嗎？

B：沒聽說，我平常很少看電影。

A：你**多久**會關心一下影劇新聞？

B：其實我很少看影劇消息，如果有時間，我習慣看書。

相較於第一段談話，雖然A想討論的話題並不吸引B，但在第二段對話中，至少B會願意透露更多自己的訊息或看法。於是A就有機會從中尋找讓B感興趣的話題（例如：你喜歡看哪一類型的書），讓談話可以接得上線。

你不必要求自己所做的每個連線，聊的每種話題，對方都要有興趣，不過你必須有能力修正，從中找到可以深入的點。即使無法成爲朋友，至少不會留下壞印象。

【步驟2】事前指點——pre-talk

暖場後，仍就要進入問題處理的環節。但如果直接把問題端到檯面上，可能一下子要討論的議題太大，無法達成共識。此時，可以運用pre-talk的技巧，先取得初步同意，再進入正式磋商，相對的阻力會比較小一些。

Pre-talk是在催眠治療中，經常被運用的一個流程。主要用來**建立信任關係，爲整個談話或活動做定調。這個階段的工夫做得愈好，後續的工作會愈順利。**主要作法是找一個彼此都接受的點，做爲路標，指引彼此接下來要一起走的方向，或對結果的共同期待，例如：

「我知道你和我**一樣**，都想要好好解決這個問題。」

「我們都了解，沒有人希望發生這種事，但既然已經造成，看看怎麼樣可以**一起**把傷害降到最低。」

「能坐在這邊，就代表我們**都是**想負責任的人。」

取得第一份認同後，對方比較容易站在這個基礎上，理解你所提的內容與說明，而不需要花太多力氣澄清自己的意圖。

景安和彥宇是多年的好友，最近準備一起合夥做生意，但雙方都知道合夥生意不好做，因此，約好了要找個時間討論股份和工作分配的事情。

景安明白這場談話至關重要，除了詳細清楚的明訂彼此的分成和分工外，更重要的是，不能破壞這份得來不易的革命情感。他慎重地問我該怎麼處理比較妥當？我告訴他，以你和彥宇的交情，一開始就把彼此心中的小聲音或擔憂說出來，有了共識以後，再討論細節就會容易許多。

終於熬到了見面時刻，坐下來，聊個兩、三句後，景安用沉穩的語氣說：「彥宇，我們都老大不小了，這一次創業，我們都押上了所有財產，我想我們的決心是一定夠的。」（取得共同經驗）

彥宇：「這是當然的啊！」

「也正因爲我們都這麼看重，今天才會坐下來好好討論股份的事，現在談清楚，日後才不會有爭議。但我也知道，這件事不好談，很容易一句話沒說好，就覺得對方意圖不軌或不想付出。」（掀開鍋蓋，點出擔憂）

「不會啦！都這麼熟了，我很信任你。」

「所以在開始討論之前，我想要表達對今天這場談話的看法，我認爲這不是談判，因爲談判是取得自己的最大利益，這樣很容易變得你贏我輸，零和的遊戲，我不喜歡。我是帶著雙贏的立場來跟你討論的，如果你吃虧了，我一個人也撐不起這個事業；反過來，如果我受委屈，哪天不幹了，你一個人也會經營得很辛苦，這樣對我們都不好。所以，今天我們要努力討論出彼此都能接受、平衡的作法，這樣才能長

久。」（指點出彼此共同的方向）

「沒問題！」彥宇爽快的同意。

有些人以爲談事情，最好開門見山，廢話少說，趕緊把重點說清楚，避免節外生枝。但可曾想過，你看到的山和對方看到的一樣嗎？有沒有可能你覺得這樣叫效率，對方卻覺得被威脅。**當感覺成形後，再花力氣去解釋是很困難的，倒不如前面多花一點時間，把前提、背景都準備好了，再進入核心細節，反而能達到事半功倍的效果。**

此外，這個技巧不只適用於高難度對話，當你主持會議、公眾演講或發表簡報時，都可以先向台下的觀眾做一段pre-talk，讓他們知道如何預期接下來的時間，把注意力放在你身上，好好聽完你的表達。

【步驟3】核心訊問——像偵探般收集篩選關鍵訊息

開場白，暖身足夠後，接著就是重頭戲，問。

問句之所以重要，那是因為「問題」是串連兩個人思考內容最快的工具，也是讓兩個陌生人建立連線必要的過程。我們通常會使用問題來吸引對方的注意力，透過一問一答，決定這段關係是否有機會持續，還是盡早結束。你可以想像一下，如果要你和一個人溝通，卻完全不能使用問句，那一場對話會有多麼費力，甚至連開始都有困難，足以見得好的問話技巧有多麼重要。因此，坊間有許多書籍傳授，如何問出犀利或有深度的問題，各家說法都有其精髓。

但不論何種技巧，回到問話本身，**唯一的祕訣與心法，就是你必須認清自己得詢問大量的問題，且持續一段時間，直到你得到需要的訊息**。不要奢望透過一兩個問題，就能夠得到想要的答案，你反而能心平氣和的好好對話，透過問題的設計，穿越層層迷霧，最後釐清真相或取得共識。

而問話的原則，也和我們交友的方式相似，得**由淺至深**、**由輕到重**、**由外而內**。然而，很多人在進行高難度對話時，沒有習慣先熱身，一見面就問對方價格有沒有灌水、有沒有故意扯後腿、有沒有背叛信任，完全不先觀察或測試。這就好像你在路上，隨便拉一個人要求對方跟你結婚一樣，非常唐突與冒險。因此，好的問話是有層次的：

【技巧1】先出申論題，後問是非題

所謂的申論題，就是開放性問題。在談話初期，使用開放性問題的好處是能夠幫你收集更多訊息。換句話說，問句的價值是爲了問更多問題。但並非你自己擬好稿，逐條詢問，這樣一不小心就像法官在問話。而是要從對方的話中找到問句。我們可以直接比較以下兩則對話：

一位媽媽正爲孩子不肯上學而傷腦筋，她想知道孩子在學校究竟發生什麼事。

「待在家裡這麼多天，你不覺得去上學比較好？」媽媽問道。（是非題）

「不好。」

「爲什麼不好？你不喜歡學校嗎？」

「對，我不喜歡學校。」

「不喜歡學校什麼東西？你要告訴媽媽，媽媽才能幫你解決。」

「沒有，你不要吵我。」

這位挫折的媽媽確實很想幫助孩子，儘管媽媽沒有直接要求，但她所問的第一句話，就讓孩子覺得媽媽非得要他去上學，因爲這個句子的結構比較像是「預設性問題」，即在問話之前，媽媽已經有一個假設，她只是爲了聽到那個答案而問的，孩子感受到這股壓力，自然就想閃避。同時，她的問句大多是是非題，並沒有預留太多空間去了解孩子的想法。

換一種問法，我們來看看什麼叫作做申論題：

「你這幾天都在家裡做什麼？」媽媽問道。

「沒有啊！就看電視、上網、睡覺。」

「不用早起趕著上課，睡飽一點也挺好的。但媽媽很好奇，現在的節目有什麼精采的？看一整天不會無聊嗎？不是聽說有很多都是重播嗎？」

「電視節目比較無聊，但可以上網看啊！就可以一路追下去，而且拖戲的部分還可以快轉。」

「喔！是這樣啊！那你都追什麼節目？」

「一些美國影集，像是犯罪偵查的鑑識人員，很刺激。」

「聽起來滿有趣的，你有想過要從事類似的工作嗎？」

「應該滿好玩的，很刺激。」

「你覺得那些主角需要具備什麼能力，才能勝任？」

「反應要很快、懂得觀察、要知道很多科學常識、犯罪心理學、人體構造，把這些東西學會應該需要不少時間。」

「那你覺得這些東西需要去哪裡才有機會學到？」

「當然是學校啊！應該有專門培訓這種人才的地方。」

「嗯！你想要去嗎？回到學校學東西，把自己變厲害。」

「我想學東西，可是我不喜歡學校裡有些同學仗著自己家勢好，欺負別人。」

「這樣啊！媽媽不知道這件事，你願意多說一點，讓媽媽了解情況嗎？」

「就是隔壁班有一個王大保……」

這位媽媽巧妙地突破孩子的心防，讓他願意多談談學校的事，或許無法馬上讓孩子回到校園，但至少我們對整個情況是有較全面性的了解。更重要的是，這對母子對彼此開始有信任感，後續要一起面對問題也就不難了。

也許，你一開始會覺得媽媽問的方向，似乎沒有切中主題，但這種**漏斗式的問話方式，比較不容易引起防衛，從中再尋找切入點。每一個問句，並沒有預設對方該怎**

麼回答，而是從對方的話中再找下一個施力點，緊跟著對方的回應，而不是粗魯地套入自己的想法。這麼做有兩個好處，一來會讓對方覺得我們很用心聽；二來，用對方的話來說服他自己，影響力較大。畢竟，一個人最難反駁的就是自己說過的話。

儘管，整體所需的時間與問話次數較多，但在高難度對話中，有時表面上的繞路，其實才是真正能抵達目標的路徑。愈急著想得到答案，愈容易把對方推遠。

該如何從對方的話中找問句呢？有三個原則：把脈絡補上、找到支持證據、破除一概而論。

1.把脈絡補上

狀況	例子	可以詢問的方向
省略人、事、時、地、物	✓我要走了 ✓我很緊張	去哪裡？ 擔心什麼？
省略比較基準	✓她最凶了 ✓我同事都比我優秀	和誰比較算凶？什麼時候會凶？ 哪方面比你好？或什麼情況比你好？

省略被指涉的人事物	✓他們總是跟我過不去 ✓這裡讓我受不了	誰總是和你過不去？ 什麼事讓你受不了？
自我設限，沒有選擇餘地	✓我應該照他的話做 ✓規定不可能改變	如果你沒有照做會怎樣？ 什麼原因使你相信規定不能調整？
省略評論者	✓沒有參加聚會很不好	「對誰來說不好？」或「誰認為不好？」

2.找到支持證據

狀　況	例　子	可以詢問的方向
假設某事因果關係	✓他一開口就惹我生氣	「為何他說話就使你生氣？」或「他說話是怎麼讓你生氣？」
沒有證據就假設別人的想法或感受	✓當你抱胸時，我知道你對我感到不耐煩 ✓我知道他不愛我 ✓你知道我很委屈 ✓我兒子和我丈夫一樣不可靠	你怎麼知道我抱胸是對你不耐煩？ 你從什麼地方認為他不愛你？ 「你有什麼委屈？」或「你怎麼覺得我會知道？」 「你兒子什麼地方讓你覺得跟你丈夫一樣？」

3. 破除一概而論

狀況	例子	可以詢問的方向
把事情兩極化，或愛用極端詞彙	他總是故意找我麻煩	「你們有好好合作過嗎？」或「沒有一次例外嗎？」
	我都沒有朋友	連一個都沒有嗎？
薄弱的因果關係	當他翻白眼時，我知道他討厭我	「你有過這樣的經驗嗎？雖然你對一個人翻白眼，但不代表你真的討厭他？」或「你從不對你喜歡的人翻白眼嗎？」
	我兒子開始打工，他不需要我了	你也每天外出工作，你會不需要兒子嗎？

也就是說，不要因爲對方有回答，就覺得自己知道答案了，請帶著更多好奇心，繼續了解這個答案是怎麼來的？有什麼細節是值得探討的？

【技巧2】預留下台階

當你的問話從外圍慢慢靠近核心時，對方可能因爲快要說出實話，而感到緊張或壓力。這時候，別緊迫盯人，溫柔地讓出一點空間，對方反而有勇氣前進，跨出關鍵性的一步。**人只有在自尊沒有威脅的情況下，才有可能做出改變。換句話說，當我們一意識到對方是為了證明自己是對的，我們是錯的，我們會花更多力氣保護自己。**

因此，像「可能是我弄錯了」、「或許是我沒聽懂」、「也許是我想太多」……等等，這一類的句型有強大的暗示力，特別是對方的基準線開始出現偏離時，例如自我安撫的動作變多、眨眼頻率改變、音調變高或變低……，你視情況先接上這句話，再邀請對方回應，對方會覺得和你對談是安全的，你不是刻意找他麻煩，他就有很大的機率願意溝通。例子：

「**這件事情或許是我的誤解**，你提出來的價格和上次談的有落差，這中間有什麼變化是我遺漏的嗎？」

「**可能是我擔心的比較多**，你這次的設計考量到預算有限，已經先刪除部分資訊安全的防護程式，但不會影響到網頁的瀏覽。這部分可以多說一點嗎？你刪了什麼？

未來會有什麼影響？」

「**也許是我的問題**，好像你對這次的分工有不同的想法，使你不想出席會議？」

說完，你只要保持開放的姿態，靜靜地看著對方，等待對方的回應即可，千萬不要再加油添醋，因爲有時候答案是「悶」出來的。一如我們開頭所說的，當對方有心誤導你時，他的大腦需要運轉的資料是非常龐大的，這時候你提供了一個緊急出口給他，他有很大的機率想趁機離開壓力情境。於是，這時候考驗的就是你的定力與耐心，能不能巧妙地運用第三個技巧——閉口奪氣。

【技巧3】無聲勝有聲

這個技巧看似最不需要額外做什麼，但事實上，曾經有談判或協商經驗的人，便明白在壓力情境中，不動聲色、穩住場面，不因爲冷場而急著用無意義的話填空或轉移注意力，是需要很大的自信來支撐。

沉默，會製造很多內心的投射與想像，使人乾脆說實話或掰出更離譜的謊話。這也是爲何古人說停止流言最好的方法，不是拚命解釋，而是閉口奪氣，讓對方沒有攻擊的施力點。愈攪動混濁的泥水，它只會愈混沌，停下來才能讓不同的物質分離出來。

因此，適時的留白，你才有機會好好觀察對方的反應，同時，讓對方的內心戲有機會出場，了解對方眞正的擔心與在意。

三十歲的洪偉，是個年輕的創業家。網路事業做得有聲有色，最近正打算拓展業務，從虛擬網路跨到實體店面。有一天他發現，不知哪裡竄來的競爭對手，竟然盜用了他的商標圖示。洪偉的姊夫立刻幫他介紹一位律師，協助他處理糾紛。沒想到律師的介入，讓洪偉覺得更棘手。

一開始律師說，依照過往的經驗，向對方討三十萬沒問題。等到律師和對方協商後，竟然回報洪偉說，只能索賠十五萬！一前一後，正義被打對折！洪偉認爲，律師並沒有保護他的權益，又礙於律師是姊夫的好友，擔心他的質疑會破壞彼此關係，只好將不爽的情緒放在心裡。

我鼓勵洪偉必須面對這件事，因爲未來他還會面對許多壓力情境，如果面對衝突，老是隱忍，絕對無法走出更大的格局。洪偉也發現過去的自己，很容易遇到類似的情況，例如人情壓力、專業人士，他就會先打退堂鼓，安慰自己以和爲貴，但對方察覺他的個性後，反而利用這一點得寸進尺。於是，我選擇陪他搭時光機，回頭和律師「再談一遍」。

「洪偉，律師第一次跟你說，依照過往經驗，他相信可以求償三十萬時，你有什麼反應？」

「當然是充滿希望啊，畢竟是姊夫介紹的律師，應該會幫我處理得很好。」

「要是我，我會問這位律師，你剛剛說依照過往經驗，你指的是哪些案例？」（把脈絡補上）

「啊！可以這樣問……」洪偉愣住了，因爲沒人教過他，面對高難度對話，可以如何透過問句，找出衝突的癥結。

「這樣你才有個具體的比較基準，事後可以核對。後來他跟你說，只能求償十五萬時，你說了什麼？」

「我只說，喔，這麼少……，這時候我開始懷疑他沒幫我把事情處理好，心裡已經不開心了。但他又是姊夫的朋友，我也不敢抱怨。」

洪偉的心情，是典型一般人面對衝突的反應，害怕弄擰與對方的關係，卻沒有方法可以幫助自己釐清必要的資訊，再來討論解決方案。**問句的引導，就是幫助自己看見對方腦中，對眼前衝突的定義、想法、感覺，和自己以為的究竟一不一樣**。找出雙方的認知落差，才有機會針對癥結進行討論。

我請洪偉再約個時間，跟律師當面好好談一次。暖場後，他可以直接問律師：「我知道這是目前暫時可以要求的數字。不過，上次你跟我提到，有機會求償三十萬，這中間有落差，發生了什麼事？」然後，不說話，看看對方的反應。

後來，洪偉回來告訴我，律師被他這麼一問，鬆口說：「如果是十五萬，可以直接透過調解，不用開庭打官司，需要花的時間和心力比較少。假如，真的要求償到三十萬，還得收集更多證據，訴訟時間也會比較……，我覺得這樣對你不一定是最好的安排。」

洪偉謝謝律師的好意，但他堅持提告，因爲他覺得拿不拿到賠償金事小，但如果這個風氣一開，未來競爭對手都覺得抄襲並不嚴重，反正可以和解，那麼他長期的營業收益絕對會損失更多。律師理解他的想法後，決定重新調整計畫，不接受和解。

這一次的經驗，也給了洪偉一個很重要的學習，他明白適當的問句，不但不會引發對方的防衛，反而讓對方透露更多眞實的訊息，他們有機會更了解彼此，而不是用想像在跟對方互動。

【技巧4】1. 2. 3. 木頭人？——三次反應法則

通常有心矇騙你的人，爲了避免被掌握具體證據，他們的回應都是比較模糊、不精確的（詳見〈聞〉一章），很少會乾淨俐落的回答你的問題，要不就是玩弄定義，要不就是疏離的語法，刻意製造距離，讓你難以捉摸。因此，在你問完問題後，請留意對方的回答是否夠明確。如果他在前面三個反應內，沒有「明確的不」，那麼他刻意誤導你的機率非常高。

有一次，我申請了一項裝機服務，因爲業務需要，我沒有太多時間等待，臨走前，我詢問櫃台人員多久可以施工，接待小姐回答我：「最遲一個星期，工程師就會跟你聯繫，安排裝機時間。」

於是我回家乖乖等待，一個星期過後，仍然無消無息。我去電客服部了解原因，電話那頭的小姐仍舊很客氣的請我耐心等候，會幫我轉達給工程部。當時，我雖然有些著急，但心想：可能是旺季，或許就快輪到我了。沒想到，一星期後，依然不見蹤影，這下子可惹惱了我。我推測是內部作業疏失把我的申請資料遺失。

這一次，我又再次去電客服部，把情況告訴客服人員，而對方依然制式的回答：「很抱歉，造成您的困擾，我會爲您轉達工程部。」

但這一回，我並沒有馬上接受他們的說法，我緊追著說：「小姐，我了解這並不是你的責任，你只是負責處理客訴。但我有權了解爲何當時接待人員告訴我，只需要一個星期就可以安裝，我等了三個星期還沒好。這中間是不是你們內部流程出了問題，我的申請單根本沒有被送達負責單位？」（先預留台階）

「眞的很抱歉，讓你等候這麼久，我會把這個狀況用急件標註，請工程部馬上和您聯繫。」（沒有明確的「不」）

「小姐，我接受這份道歉，但我被延遲已經是事實，我只想知道爲何要等這麼久，貴機構至少要給我一個說法，而不是只叫我耐心等候。我相信你的電腦看得到目前申請資料的處理狀況，**請你回答我，我的申請資料是不是遺失了**？」（重複問題）

「呃！這個部分……，從目前的資料來看，確實是還沒排進流程。但詳細情況，我請主管跟您說明好嗎？」（語速改變，遲疑和贅詞變多。但仍然沒有明確的回應。）

掛完電話後，大約只過了三十分鐘，一名自稱是工程部經理的人來電：「您好，我們已經收到您的申請通知，明天早上過去幫您施工好嗎？」

正當我訝異這效率落差也太大時，忽然想起他們仍舊沒有回答我的疑問，於是我又再問了一次：「先生，謝謝你的火速處理，但就算明天來施工，我也已經等了三個星期。我只是想知道爲何這次申請時間需要這麼久，請給我一個說明。」

話一落地，電話那頭沉默了近五秒鐘後，說：「不好意思，眞的是我們內部作業疏失，我們把您的申請單送錯施工區域，以至於眞正要負責的施工單位沒有收到這份申請。但並非遺失，我們已經找到您的申請單，並立即排進工作流程，造成您的不便，請您多包涵。」

回到一個消費者的立場，或者有時候我們遇到不順心的事情，除了解決問題，更重要的是，對方能給我們一個說法，讓情緒有個出口，不然會有一種啞巴吃黃蓮，有苦說不出的感覺。同樣地，面對高難度對話，當你提出關鍵性問題後，一定要停下腳步確認，對方究竟有沒有回答你的問題？還是只是答個擦邊球，試圖轉移你的注意力？

如果是的話，你也無須大呼小叫，暴跳如雷，這樣反而讓對方有機會見縫插針。你只需要「態度溫和、立場堅定」的把問題重複詢問，直到對方說出明確的答案。這麼一來，你也等於是用行爲在告訴對方，和你談話別打迷糊仗，把話說清楚，是對彼此最好的作法。

加碼分享——進階技巧

如果上述的技巧，仍然無法得到你所需要的資料，可以視情況運用以下兩種問話技巧：

1. 挑戰說謊者大腦中隱藏的時間軸

有一次，我陪家人到醫院檢查記憶力，其中有一項測驗引起我的注意，就是診療人員請我的家人試著從100，每次倒減一個7，答案會是多少？（100－7＝93、86、79、72、65……）

我試著跟著做，發現並不容易，這比100往上加7，需要花費的專注力和短期記憶力更多。於是，我發現人們的心智運作，其實是有一個固定的順序和習慣，跳脫熟悉的方式，需要花更多時間思考。

同樣的回到溝通表達，我們在聆聽一個故事時，也會自動在心中抓出一個時間軸，把相關事件排列進去，而原則大多不脫從早到晚、從前到後。如果這個故事是眞實的，也是你親身經驗過的，要隨時從任何一個時間點插入說明，並不會太困難。但如果是對方刻意編造的故事，那他就很難不依固定的時序，陳述自己的說詞，會出現很多偏離基準線的行爲。

因此，當你發現對方的說法太嚴密、完整，似乎是準備好一套說法來說服你時，你可以突如其來的從中間挑選一個時間點，**以「倒車式」由後往前**詢問更多細節，看看對方能不能順暢回答。舉例，你的伴侶從外地出差三天回來，開心與你分享這三天的行程和事件，但你聽起來覺得時間表太完美，你可以試著這麼問：

「可能是我剛剛恍神，沒聽清楚，你說第二天晚餐和資訊部的同事一起去喝酒。那天下午會議結束，距離晚餐好像還有三個小時的空檔，那段時間你做了什麼？」

「你說最後一天的會議，很多人上台分享，你還記得最後一個人是誰嗎？在他之前，還有誰說過話？」

問完，仔細觀察對方的肢體和行爲反應，重點不在於他的答話內容，而是他怎麼處理這個訊號，是否出現偏離基準線的行爲，才是你應該關心的部分。

2. 客觀事實＋情緒感受，理性與感性兼具的雙刀流

每個人都有自己的說話習慣，有些人喜歡談事情，有些人喜歡先講感受。無所謂對錯，但要讓一個人對事情有更多不同的發現，你可以邀請他做相反的事情，有可能在談話的過程中，他就不會那麼執著於自己的堅持。同樣地，如果他有意誤導你，通常只會準備一套說詞（資料量愈大，大腦負擔就愈重）。如果對方老談事實，你可以

請他談談感受；反之亦然。

例如：你有兩個部屬（A和B）到客戶公司提案，都被退回，他們回來向你報告這件事。

「經理，對方說目前的條件相關配套措施不夠完善，他們不考慮簽約。」A部屬說道。

「你有沒有告訴對方，目前市場變化很大，這段時間原物料價格劇烈波動，條件只會愈來愈嚴苛。」

「有，我該講的都講了，連上一季的報表都拿給他們看，還分析未來的產業變化。他們還是不簽。」

「好，相信你已經盡了最大努力。你可以多跟我談談，當天你們談話的氣氛怎麼樣？負責採購的協理Paul是怎麼拒絕你的？挑明了送客？還是附加但書，請你再回來討論？」

由於A部屬是比較就事論事的人，你可以邀他多談談感受層面，激發他不同的思考，再從中找到可能的切入點。反之，假使你的部屬說話習慣比較像B：

「經理，他們眞的很過分，要我們連夜提案，準備一堆資料，最後竟然不簽約，還說配套不夠完整。實在太欺負人了。還有啊！那個協理Paul自己遲到半個小時，一進來還擺架子，說只有二十分鐘聽我們講，你說氣不氣人。」

「好的，我很肯定你們的努力，花這麼多時間，case卻沒談成，難免會覺得委屈。但你能不能再多告訴我一點，當天發生的事？你們是怎麼開始的？過程中，有誰發言？對方說了什麼？」

因爲，感受是很主觀的，如果只談情緒，而沒有事實的支持，可信度是需要被打折扣的。**一個比較完整的表達，最好是理性和感性兼具。同時，永遠記得自己問過什麼話，對方有沒有回答？你愈清楚，對方愈不敢造次。**

【步驟4】用封閉式問題聚焦共識

在問話技巧的最後一步，當你做完暖場（Easy talk）、事前指點（Pre-talk）、核心訊問後，仍然需要一個明確答案，才會有確定感。這時候，你需要使用封閉式問句，爲談話做最後的句點。也就是說，開放式問句和封閉式問句都有其存在的必要，並沒有孰優孰劣，而是視情況需要，彈性使用。

如果在對話初期，仍在建立關係時，開放式問句，讓人比較不覺得有預設立場，會比較合適；但談話進入尾聲，該收集的資料都已經足夠了，就可以用封閉式問句，明確聚焦彼此的認定和共識，減少模糊所產生的誤會。

在你問完封閉式問句，請注意對方「第一時間」的反應，有沒有明確回答，還是有許多贅語，含糊其詞，所代表的意義都是不同的。

案例一

「你有沒有拿我的手機去檢查？」（封閉式問題）

「我看到你的手機放在沙發。」（沒有回答問題）

「對啊，我知道，現在手機在我的包包裡。但你還沒回答我的問題，你用了我的手機嗎？」（先接住對方的話，再次詢問，不讓對方閃躲。）

「我爲什麼要看你的手機，我自己就有手機。用別人的東西很不順手。」（仍然沒有回答問題→三次反應法則）

「我的問題很簡單，你看了我的手機嗎？」（閉口奪氣）

「我不想跟你講這個，我要出門了。」→欺騙的機率很高

案例二

「昨天帶你回家的男生是誰？」（封閉式問題）

「什麼男生？」（沒有回答問題）

「昨天在巷口，我看到你被一個騎機車、帶紅色安全帽的男生載著。不是他帶你回家的嗎？」（接住對方的訊息，再重複問一次）

「沒有啊！我是坐公車回家的。」（明確回答問題）

「可是那個背影很像你，還穿同樣的制服。」

小結

因爲寫作需要，因此我們將〈問話技巧〉分成四大步驟，才能依序呈現重要的觀念與作法。然而，在眞實的高難度對話中，這四個步驟可能是交錯運用的。特別在核心訊問時，當你發現對方有些抗拒、不安時，不論原因爲何，你都可以暫時回到前一個步驟，讓對方覺得安全後，再繼續談話。假如一次的會面，仍達不到共識，就需要把議題切成小塊，一次只處理一個環節。你愈不期待一次到位，就愈不會因爲心急讓原本緊繃的關係，變得更脆弱。

最後，我們用一個例子，統整這四個步驟，幫助你了解在生活中，可以怎麼運用你所掌握的證據來設計問句。

銘仁在大兒子的口袋中，發現一包菸，他確定家裡沒人抽菸，他也嚴格禁止孩子學抽菸。他選了一個週六下午到補習班接兒子回家的路上，準備進行一段高難度對話。

「大偉，剛上完課，餓不餓？爸爸發現附近新開了一家餐廳，想不想去試試看？」（Easy talk 開場）

「爸，改天好了，我還得回家準備後天的英文聽力測驗。」

「最近，學校裡的生活還好嗎？上次社團公演的練習，進行得怎麼樣？會擠壓到你的休息或課業時間嗎？」（暖身）

「還好，是忙了一點，但是上週演出後，老師就要我們先準備高三的模擬考，最近都沒排活動了。」

「嗯！爸相信你會把課業和社團做一個妥善的安排。你知道爸覺得成績好不好是其次，學生時代最重要的，不是念書，而是你要學習把生命活得精采。因爲你的任何行爲，最終要負責任的人都是你自己，但爸爸媽媽會願意陪你**一起**面對。」（Pre-talk 爲談話定調）

「我知道，爸媽給我很大的彈性，讓我選擇喜歡做的事。」（取得共識）

「那最近學校有沒有發生什麼比較不一樣的事，願不願意跟爸分享？」（開始「核心訊問」）

「都還好，老樣子。」

「但爸爸發現你最近比較少笑，是不是壓力很大？在擔心什麼嗎？」（由遠而近、由淺而深的靠近）

「沒有啊！你看錯了，昨晚看電視時，我還是一樣笑的很開心。」

「以前我接你下課，你都會說很多關於學校和同學相處的事。可是這一次我感覺你有些意興闌珊。你願意告訴我，是什麼讓你不太想談學校的事？」

「眞的沒什麼好講的啊！」（觀察〈望〉、〈聞〉：口氣變得有些急躁，表情不安）

「可能是爸爸記錯了，以前你下課頂多七點就會回家吃飯，但最近你回家時間都比較晚，有時候會拖到十點，而且身上的味道很複雜，是菸味嗎？」（預留台階，沉默。）

「你記錯了，我有時候會繞去圖書館還書，耽誤了一點時間。」（三次反應法則，不回應味道的問題。）

「也許是我比較敏感，但剛剛談到你身上的味道時，你好像有點驚訝？」

「哪有！你不要大驚小怪。可能是我最近常去鄰居家打電動，他哥有抽菸帶回來的。」（音調變高，情緒反應變大，不恰當的怒氣。）

「嗯！是跟你同班的那個孟澤嗎？他還有一個哥哥啊？也在念書嗎？」

「沒有，他不愛念書，已經在工作了。」

「你去他們家玩什麼？」

「他哥有一套線上格鬥遊戲很好玩，他們家的網路也比較快，所以我會去玩一下，然後就回家。」

「你和他哥哥熟嗎？常常一起玩嗎？孟澤抽菸嗎？」

「沒有，只有我和孟澤會玩，但他哥會在旁邊抽菸滑手機，我們不常聊天，孟澤也不會抽菸。」

「嗯！好，爸相信菸味可能是這樣帶回家的。不過，你知道我們家是沒有人抽菸的，但我卻在你的外套口袋中發現一包菸。如果只有孟澤哥哥會抽菸，怎麼菸會出現在你身上？請你告訴我這包菸是誰的？是不是你的？」（「封閉式問句」揭露你已知的

證據）

「怎麼會有菸？在哪裡發現的？」

「你先回答我，是不是你的？」（沉默「悶」出答案，或讓對方做出更離譜的反應。）

「可能是幫孟澤哥哥買菸，忘記拿出來。」（不直接回答）

「大偉，你還沒有十八歲，理論上是不能買菸的。你要不要誠實告訴我，究竟發生什麼事？如果你眞的抽菸，爸一定會生氣，但每個人都會犯錯，只要你改過來，爸還是會原諒你。可是如果你說謊，爸不只生氣，還會很傷心，因爲說謊比犯錯更嚴重。」（營造眞實可以出場的空間）

「爸，對不起，我說謊了。菸是我的。」

在你亮出底牌前，先讓對方充分表達，你才能得到足夠的訊息，幫助你對整件事有更完整的理解。一旦你的溝通對象不願跟你合作，你就得花更多力氣旁敲側擊，卻不一定能夠命中核心。

其實在高難度對話中，不管是〈望〉、〈聞〉、〈問〉哪一個環節的技術，請相信營造一個容許眞實的環境，讓答案自己浮現，絕對會比你用揭穿謊言的態度來得輕鬆、沒有壓力及副作用。記得，**打倒別人，不一定能證明你就是贏家。那只不過代表對方退出這場比賽，但不一定認同你的作法或為人。**就像有人問余光中先生：「李敖天天找你碴，你從不回應，爲什麼？」

余大師靜默片刻，回答：「他天天罵我，說明他的生活不能沒有我；而我不理睬，證明我的生活裡可以沒有他。」多麼有智慧的回應。

學習的目的，是為了讓我們能夠與人相處。同樣的，問話技巧是中性的，你可以把它運用成一種「靠近」別人的技術，也可以扭曲成一種「拷問」別人的手段。差別不在於問句的內容，而是起心動念。

Chapter 4

切——讓壓力成爲助力

所有的溝通討論，都是爲了確認目前的位置，有了明確的座標後，才能夠規畫接下來前進的路線。因此，這一個判斷非常重要，關乎我們後續採取的行動和策略。如何精準又有效率的「切」中要害，揪出眞正的問題點，是所有人都非常關心的事。然而，一個好的總結，並不是憑空而來，它需要奠基在許多具體的事證之上，才經得起考驗。

我常常比喻**處理高難度對話，就像是在替「關係抓漏」一樣**。房子漏水，你知道得趕快處理，它絕對不會自己慢慢變好。可是關係漏水，我們卻常常視而不見，希望它會自動修復。你覺得合理嗎？

這裡的水，就像人們的負面情緒，會四處蔓延並隨著時間侵蝕原有的結構（關係）。所以，我們前面提到的〈望〉、〈聞〉、〈問〉，就像在爲關係把脈、抓漏，透過一些技巧慢慢找到問題的根源。可是，究竟怎麼抓才正確？如何知道自己的判斷是適合當下的需要？那就得靠智慧了。

我有過一次抓漏的經驗，發現這其中有許多道理是相通的。早期台灣的房子在結構、施工、材料上，並沒有嚴格的法規，經過一段時間的風吹日曬，房子開始會出現漏水問題，特別是頂樓漏水。我的老家就遇到同樣的困擾，一開始只是下雨天會有小水滴，母親以爲只要在頂樓地板塗一點防水漆，應該就能解決。可是，隨著梅雨季節來臨，漏水情況愈來愈嚴重，從水滴變成一大片一大片油漆剝落。

惱人的濕氣，讓她決定把漏水問題徹底解決，於是找了三家廠商來會勘。第一家的師傅來到現場後，隨意瞧了兩眼便說：「小case，我幫你在上面直接做防水層就沒問題了，保證從此乾淨舒爽。」母親心想這麼好，既不影響生活品質，費用又低，非常心動。我直覺這方案不太牢靠，從旁勸阻，再聽聽其他兩家的看法。

第二家廠商來了，這一次拿出專業設備，色粉、探照燈、聽診器都搬出來了，仔細評估後，回報說：「因爲房子太老舊，結構已經被破壞，若要永久解決就要把整個屋頂拆掉，重新蓋一次。」母親一聽，差點昏倒，把整個屋頂掀開，如果這段時間下雨怎麼辦？還有，人要住哪裡？費用也是一大問題。母親很緊張，不知如何是好，連忙通知第三家廠商，希望還有其他機會。

第三家廠商來了，是一個經驗老道的師傅，一來就懂得安撫母親的情緒說：「漏水問題雖然一定要解決，但怕的是花了錢，以爲已經解決，結果沒多久又有別的問題，處理一個另一個又跑出來。花錢事小，來來回回的時間和心情，反而更令人難受。」母親覺得終於有人明白她的感受，心情也不那麼糾結了。

不過，第三個師傅也很有個性，並沒有馬上拿出厲害的工具，反而拿出一大把水管在頂樓不斷地噴水，觀察水的流向。同時，也勘查室內的漏水源，把牆壁上上下下都摸過一輪。在我們屏氣凝神等著聽他宣判時，他卻用尋常口氣說：「嗯！看樣子，似乎不是最嚴重的那一種。不過，為了保險起見，氣象預報說這兩天會有大雷雨，我等下雨時，再親自過來一趟。這樣比較能分辨是管線的問題，還是結構的問題，才能決定是要做防水，還是連止漏工程一起做。」

就在我聽得一頭霧水時，著急地問師傅：「如果一直沒下雨怎麼辦？」師傅笑笑地說：「這樣也很好啊！至少不會再惡化。你也就暫時不需要我！」

「師傅，話不能這麼說，問題遲早要解決啊！」

「你如果想要好好處理，老天爺會給你機會的！」儘管師傅回答得很豁達，我卻從來沒有這麼期待下雨過。

好險，隔幾天老天爺就下了一場暴雨，師傅依約前來，拿出設備又做了幾項檢查。然後向我母親說：「好消息是，只是屋頂凹陷，所以水流集中在中間，無法流到四邊的排水孔，水流不出去，只好找縫隙鑽。只需要把凹陷的地方墊高，防水層再重新上一次，就不用把屋頂打掉重做。」母親一想到不用搬家，心頭放下一塊大石。

「可是……」老師傅話還沒說完，「壞消息是，上一次我發現側邊的牆壁也有些輕微水氣和壁癌，但不確定是內部管線漏水，還是外牆滲水。這一次大雨，水沿著防水層的裂縫滲入牆壁，如果不希望壁癌愈來愈嚴重，我建議迎風面這面牆的防水層也要重做。」

這個新發現超乎我們的預期，原本以爲可以輕鬆過關又多了一點煩惱。可是長遠來看，這個問題勢必得解決，而且趁整修屋頂時一起處理，只需要多付材料費，整體工資還比較省。徹底想過一輪，依然是個好消息。最後，我們當然選擇了第三家廠商。至今，不論是強颱還是暴雨，老家依然安穩地保護家人。

高難度對話心法——慢慢來，比較快

經過一番交涉，我發現這個師傅的想法和一般人不太一樣，很好奇他爲什麼寧願多跑兩、三次勘查現場，既辛苦又麻煩？趁著施工空檔，我找師傅閒聊。

師傅說，早年剛出道時，他也會配合客戶的期待，只要不漏水，怎樣施工都可以，最好還要省錢又快速。可是幾個回合下來，只要眞正的問題沒解決，客戶還是會找他客訴，連帶著口碑和服務品質也會打折扣。

但這還不是最糟糕的，他說：「如果一開始沒把問題釐清，花點時間把線索收集完整，爲了做而做，爲了修而修，很容易愈補愈大洞。原本只是小漏水，也許通一通水管就能處理，可是你爲了省事，從外面把管線整個包起來，或打了一堆不需要的材料進去，造成內外壓力不平衡，最後一次爆發，損失更慘重。」

「而且新的意外處理好，不代表舊的麻煩會被發現。人很容易被眼前的焦慮牽著走，忘了從根本解決問題。」

師傅的一番話，點醒了我。這些年，我協助許多人處理人際或工作困擾，很多時候，他們都帶著一個「結論」，希望我能給他們一些建議，從此就能高枕無憂。我坦白告訴他們，一個錯誤之所以會發生，一定是彼此的認知、理解和判斷有了出入，最後才會產生誤會。若要徹底處理就得從源頭著手，透過溝通、澄清，把脈絡整理清楚後，才能給方法，否則會事倍功半。

同時，你也得有個體認，**任何一件事會發生在生命中，我們都是責無旁貸的參與者，需要負起相對應的責任，而不是一味地指責對方，希望對方改變，問題就會消失。**

刮別人鬍子前，你先照過鏡子嗎？

聽完我的解釋，這時候就會出現兩種人。一種是覺得麻煩或不公平，認爲是老師的功力不足，轉身再去尋求更多工具性的能力，期望把自己的談判、表達、說服能力提高，就能夠對付所有人。

這樣的人在處理高難度對話時的起心動念，就不是以尋求彼此都能接受的平衡點爲出發，而是一種競爭的態度。於是，他很難把注意力放回自己身上，看看自己的表情、肢體、聲音、語調和表達模式，有哪些地方需要調整？是不是自己的呈現引起了對方的防衛？因此，他們很容易把高難度對話變成眞正的衝突。

其實追根究柢，這一類人並非不具有處理高難度對話的技巧，他們**真正的問題在於無法與不舒服的情緒共處**。不可諱言的，一件事若被你認定爲高難度對話，這其中帶著很大的情緒衝擊，可能是憤怒、焦慮、恐懼、悲傷……。此時，你若是以對抗的心情，想要除之而後快，你就無法看懂這些情緒背後眞正希望你學會的道理，可能是包容、信任、放下。當你不了解情緒，不試圖理解它，就很難達到和解，只想要趕快得到一個答案，把問題「處理」掉。

我只能祝福他有一天能懂，**真正讓我們感到衝突的，不是別人，而是我們自己**。就像我問老師傅：「如果遇到執迷不悟，只要表面工夫，不求根本解決的客戶怎麼辦？」

他說：「不是什麼客戶都要接，當客戶的觀念不對，又不肯聽你解釋。就像一個溺水的人，拚命呼救又不要別人拋給他的浮板，這時，你越要去救他，反而更危險。」

要命的「我以為」

不過，好險多數人願意靜下心，看看整個過程究竟發生了什麼事。這時候，我會扮演教練的角色，請他們回到眞實的場域，擷取一段他和對方重要的談話內容，實際進行分析。爲什麼要這麼大費周章呢？原因很簡單，因爲人類的記憶會扭曲。在第一部的內容中，我們談到不注意視盲，大腦的運作本來就會選擇性的聽和看。因此，你常以爲說明清楚了，實際上，對方收到的訊息卻是破碎、不完整的。

這就是溝通最大的鴻溝，「你想的」、「你說出口的」和「對方聽到的」，常常是落差很大的三件事。但由於我們無法操控別人的心智，所以只好回過頭檢查自己的訊息。

有趣的是，幾乎所有人在結束這份作業後，回過頭來，都會有一個深刻的體悟，句型是以「我一直以爲……」開頭，後面可能接的話是：

我一直以爲自己表達得很清楚，沒想到我根本就在胡言亂語。

我一直以爲自己的聲音很平靜，沒想到錄音機播出來的聲音眞的很生氣。

我一直以爲在安撫對方的情緒，沒想到我只是忙著告訴對方答案，而不是眞的了解對方。

我一直以爲他是來找我麻煩的，沒想到他只是想提醒我過去失敗的案例，要我不要重蹈覆轍。

而這些以爲的背後，就是我們先前談過的，阻礙你面對高難度對話的「四大心理陷阱」。可能是因爲你的情緒已經走在前面，所以看不到眞相；也可能是因爲你太害怕，所以無法說出該說的話；更常常是你以爲非誰不可，所以希望委屈換來圓滿，卻不願認清「委屈常常無法求全，求全也不需要委屈」。

而這些心理議題，當事人往往因爲太靠近，而無法抽離出來。因此，需要一個能夠信任的人，協助他走出迷霧。而我也慢慢發現，**一個人愈能夠和自己好好相處，就愈能處理高難度對話。因為他明白這些情緒都只是手段，幫助他了解什麼才是真正重要的東西，衝突的目的不是爭高下，而是了解彼此的在乎有多麼不同。**

卸除心理框架，別被「是非對錯」綁架

後來我又問了師傅，爲什麼他不像第二家廠商，提議把整個屋頂打掉？師傅說：「一勞永逸，感覺很帥氣，可是廠商有沒有想過住在裡面的人怎麼辦？施工不是一天、兩天的事，其中的不方便也是一種成本。在溝通過程中，你大概就會知道對方可接受的範圍到哪裡？有多少準備度？所以在提出建議前，你得先爲對方設想。否則，很容易變成你口口聲聲說是爲了對方好，骨子裡想的卻是自己省事，賺取更大的利益。」多麼 street smart（街頭智慧）的一個回應！

不禁讓我想到，這些年台灣有許多社會運動，想要爭取更符合公平正義的生活，這份動機確實讓人敬佩。但過程中，我發現有些領導者或網路跟隨者，對於社會運作並不了解，也不太在乎他人的感受，覺得只要自己的立論是合乎民主正義，就應當被重視。只想用最快速的方法實現自己的聲明，卻不願了解盤根錯節的系統，是怎麼讓歷史走到了今天。一旦有人提出不同的看法，就是非我族類，是敵方的打手。當有人想要居中協調，就被標籤成耍手段，對於邏輯理性的重視更甚於人性。

回到生活中，你一定也會遇到一些人，敢於衝撞體制或規定，對於很多事情據理力爭。他們一樣會強調要從根本解決問題，可是如果你再仔細了解他們的想法，很容易變成「非黑即白」，無法容忍灰色地帶。只能在設定好的選項中選擇一個，不能跳脫原有的框架創造新的可能。

你可以說他堅持，但堅持和固執，常常只有一線之隔。不了解人，就很難從人的角度思考，把事情和關係都處理圓滿。

在高難度對話中，最重要的不是真實是什麼，因為每一個人所認定的世界都不一樣，該專注的是「什麼才是眼前最需要處理的環節」。若行有餘力，才能慢慢改善周邊的問題，別總想著一步到位。當環境、現況還不足以支撐你從根本解決前，你卻執意如此，很容易變成另一種逃避，覺得非要達到什麼樣的標準不可，便會失去和眼前人事物好好相處的機會。

一如在心理治療中，有一個盲點叫作「修水管迷思」，是由家族治療大師薩提爾（Virginia Satir）女士提出來的。她說很多人做心理治療的個案，習慣拚命往源頭挖，覺得只要找到造成現在痛苦的關鍵點，回到那個時期把問題處理好，痛苦就會消失。

可是薩提爾女士提醒大家，就算找到問題的根源，別忘了使用三、四十年的水管會生鏽，你看過有人在修生鏽的水管嗎？是不是直接換一段新的水管比較快？

我們可以用心找到癥結點，卻不需要堅持恢復原本的樣貌，有時候創造一個新的可能性，會比修補原本的破洞，爭論誰是誰非更重要。就像先前濬宇找應元設計新網站的例子，當新網站延期已成事實，此時，濬宇堅持應元要按合約走，只會讓應元無路可退，到最後放棄這次的合作。如此，對濬宇來說，只會更麻煩，因爲他得重新找工程師接手，還得處理程式相容的問題。

繞一個彎，濬宇提出時程檢核的方法，讓應元有時間壓力，同時濬宇也能掌握進度。不僅讓事情順利解決，雙方的關係還因此更緊密，因爲有了革命情感。

在高難度對話中，**重要的不是「把問題徹底解決」，而是讓彼此「對解決問題有信心」**，當人們相信自己有能力處理時，就會對未來產生希望，而一個有力量的信念，會幫助人們穿越許多難關。

培養處理衝突的能力，讓關係更加溫

談到這裡，你一定慢慢能感受到生活中發生一些困難或衝突，並不是壞事，好好處理經常會變成一種祝福。換句話說，**衝突不一定會導致危機，但我們回應的方式，卻會決定它的走向。**

當你有能力處理高難度對話時，就不怕衝突，因爲衝突往往能逼出眞正的問題。就像老師傅，非得等到雨天再來確認一次，才能做出最後的判斷。房子老了，一定會有滲漏的問題；更何況人相處久了，誤會和磨擦也是不可避免的。與其阻止它發生，不如換一種角度看待衝突，把它定義成一種加速找到癥結點的捷徑。

因爲理性和社會化面具，有時會讓我們要求自己維持某一種形象，不一定會說出內心眞實的想法，得透過一點情緒張力或外在刺激，才會表達出眞正的在意。也就是說，情緒是手段，隱藏在情緒背後的需要，才是我們要處理的。一段從來沒有磨擦的關係，要不就是彼此距離不夠近，要不就是有人選擇逃避，不願正面回應。

換句話說，**關係若要往前邁進，能不能經得起衝突是很重要的轉折點**。有些人你可能認識很久，卻經不起密切的相處或合作，那是因爲距離稀釋了情緒的強度。一旦靠近，便考驗著彼此處理衝突的能力。因此，無須害怕衝突，但需要問問自己有沒有能力處理，才是最重要的。

你不需要討好任何人，你只需問問自己：怎麼做才安心？

最後，我們再回頭來檢視開頭的抓漏故事，這三家廠商各自下的判斷有什麼優缺點？第三家廠商的建議，眞的是最好的嗎？有何潛在風險需一併考量？

第一個廠商的作法（直接塗防水層），好處是快又省錢，你可以趕緊把問題處理掉，回到正常軌道。缺點就是在不了解前因後果的情況下，這樣的作法反而把有助於情勢判斷的線索通通消滅，當問題有延續性時，容易愈弄愈糟，賠了夫人又折兵。

這也像是有些人一遇到衝突，就直接訴諸懲罰、法律、規定，表面上看似可以達到嚇阻的效果，大事化小。可是心理的感受沒有照顧到，時間一拉長還是會破壞原有的平衡。而且舊的問題沒有清除，加上新仇，更加動彈不得。許多家庭或組織問題，經常就是在一味追求效率的情況下，只會防堵，沒有疏通，讓多年的愛恨情仇糾結在一起，最後只剩兩敗俱傷。

但不代表處罰或法律規範一定是不好的，當情況有急迫性，需要一個明確的規範或暫時性的處置，運用法規先止血，也是必要的過程。任何決策都需要依整體狀況做配套處理，情、理、法，從來就是交互使用。只是如果能在**處理事情之前，先把情緒安頓好，副作用發生的機率也會比較少**。

接著，第二家廠商的作法（屋頂打掉重做），好處是維持的時效更長久，長痛不如短痛。但缺點是改變的代價很高，需要很大的決心，以及周圍眾多的資源配合。得要天時地利人和，機會可遇不可求。

但機率小，不代表不會發生。在人生的選擇上，有時也需要一點破釜沉舟的決心，才能走出自己的路。許多現在知名的企業或人物，一開始也遭逢很大的反對，不被諒解的孤單是必然的過程。但重要的是，你**知不知道自己為何這麼選擇，在每一次的質疑中，都更確認自己的信念**。

最後，第三家廠商的作法（墊高凹陷，補上防水層），好處是時間、體力和金錢都在可接受的範圍，折衷的作法讓買賣雙方都愉快，事情也順利解決。看起來似乎是最圓滿的方案，可是師傅堅持要等雨天再來確認的作法，會不會流失某些客戶？或者客戶因爲不了解，而有怨言？以及沒搶到案子的同業，又會怎麼批評這種作法呢？

人生很多事情都像「父子騎驢」的故事，不管你怎麼做？一定會有人持不同意見。你的堅持可能正是被攻擊的點，你所做的調整，可能愈幫愈忙。沒有人能保證只要你學會什麼觀念或技巧，就一定能處理所有衝突，很多狀況你得眞實進入，才會明白那滋味爲何，不是你讀再多書會有幫助的。

就像無論你看了多少照片，聽人描述希臘的天空有多藍，你得自己去一趟才能體會，而且你必定是相信自己會抵達，才會出發不是嗎？如果你不相信自己會到達，也就不會離開。同樣的，沒人可以保證高難度對話會有何結果，帶著信心面對，無論結果如何，你都會找到屬於自己的平衡。

「人的事情，從來就沒有標準答案」，這是一個好消息，也是一個壞消息，端看你從何種角度詮釋。希望闔上這本書以後，你能夠**長出屬於自己的獨立思考和判斷的能力，「切」出自己生命的樣貌，刪去多餘的雜音，留下值得守護的信念。**

〈附錄〉

「高難度對話中的望聞問切」學員心得分享

當初想上這堂課，與工作上常碰見的高難度對話有所關係。不論是與合作商的提案、向供應商殺價，或者是要求廠商多下訂單……等，無一不是高難度的對話情境。而我先前的處理方式，就是事前做好十足準備，見面時，將要求及條件說出，再與對方開始進行一來一往的談判。而最後達成的機率通常是一半一半，會不會成，其實心裡並沒有高於50％的把握。

直到上課後，我發現原來是因爲自己太專注在於獲得答案，所以每個問題都像是要把別人釘在牆上似的，毫無轉圜之地。透過課程，我慢慢了解，其實「問」是一種「靠近」的技術，而不是「拷問」的方法。

比起單刀直入，較委婉的詢問，乍看之下是繞路，但若我們能在詢問中，營造出讓對方感覺舒服的氣氛，反而更快掌握問題的核心，獲得答案。繞路卻不見得比較遠，或許這就是所謂的「慢慢來，比較快」！

王瑋鈴

「連線，而不是瞎猜！」如果沒有和對方連線，那麼，一切都只是自己在心中上演小劇場而已。要和對方連線，才能看懂也聽懂別人眞正的心意；因爲連線，才能看對重點，而不會被對方牽著走卻不自知，例如，在對話中，對方改變了重點、更改了遊戲規則等等；唯有透過「連線」，你才能從對方的回應，決定你的應對。

王融雍

我開始學習觀察周遭朋友的一舉一動和一言一行，試著從他們身上找到所謂的「基準線」與「連續脈絡」。同時，我也更專注說話者的表情。尤其在跟主管做溝通時，我愼思自己該不該說、何時切入，以及如何表達會更恰當。課程的薰陶和潛移默化，在我身上起了「莫名」的神經觸感作用，讓我感受到自己觀察力的變化。有些時候，在與人溝通時，會跳脫出那氛圍，試著以觀察者的姿態，來看事情的整體發展。

李秀華

「望聞問切」是工具，但我們終究是處理人的事。恰如其分的使用望聞問切，再加上同理心感同身受，讓對方不會再有下一次試圖隱瞞的機會。

林品希

過去，在人際互動中，我覺得自己是很能傾聽的人，但無法很恰到好處的給予適當的回應。和比較強勢的人溝通時，自己常常出現明明心裡氣得要死，但行爲卻表現隱忍妥協的狀態。在課堂中，老師以實際例子示範，點醒了我的盲點，用合適的問句，才能慢慢靠近眞實的核心，甚至運用一些技巧，可以讓壓力成爲助力。

邱靖芸

面對高難度談話，就像是眼前擺著一團打結的毛線，可能會出現兩種反應。一種是無力感，打結這麼嚴重了應該解不開。另一種是挫折感，用力的拉扯，結果打結得更嚴重。老師教的不是一刀斃命的絕世武功，而是先好好的端詳這顆打結的線團，再慢慢抽絲剝繭找出線頭，從中一層層的梳理。

柯泉宇

我發現，當自己先把嘴巴閉起來，別人才有空間可以發言。我很認同老師所說的，要真正把人放在心上，你自然會敏銳地發現對方的變化，否則很多時候你只是在跟想像中的對方相處，很多時候只是瞎猜。這樣的落差，往往創造了高難度對話。

張媛婷

一直以爲很重要的說話技巧，在人與人之間的互動交流中，其實只占了很小的比例，更多的是一些不自覺的行爲反應。兩位老師讓我發現：「溝通的高牆，其實未必是對方所砌成，反而大多是自己所構築的。」多些留意，即可省去很多無謂的障礙。

蘇韶愷

更多學員心得，請至 http://goo.gl/Bt9k3B
或掃描 QR CODE

衝突對話，你準備好了嗎？

作　　者——裘凱宇、楊嘉玲
責　　編——高莎莎、王曉瑩

發 行 人——蘇拾平
總 編 輯——蘇拾平
編 輯 部——王曉瑩、曾志傑
行銷企劃——黃羿潔
業 務 部——王綬晨、邱紹溢、劉文雅

出　　版——本事出版
發　　行——大雁出版基地
　　　　地址：新北市新店區北新路三段207-3號5樓
　　　　電話：(02) 8913-1005　傳真：(02) 8913-1056
　　　　E-mail：andbooks@andbooks.com.tw
劃撥帳號——19983379　戶名：大雁文化事業股份有限公司

封面設計——COPY
排　　版——陳瑜安工作室
印　　刷——上晴彩色印刷製版有限公司
2015年11月初版
2024年7月31日二版二刷
定價420元

ISBN 978-626-7074-47-3

國家圖書館出版品預行編目資料
衝突對話，你準備好了嗎？ 裘凱宇、楊嘉玲/著 —.二版.—
新北市 ： 本事出版 ： 大雁出版基地發行, 2023年07月 面 ： 公分.– ISBN 978-626-7074-47-3 (平裝)
1.CST:溝通 2.CST:衝突管理
177.1　　　　112006182